相談援助職の記録の書き方

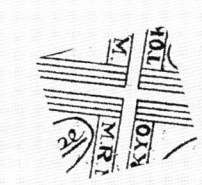

短時間で適切な内容を表現するテクニック

八木亜紀子

中央法規

はじめに

　この数年、「記録について研修またはスーパービジョンで指導してほしい」というご要望を多くいただくようになった。アメリカの大学院でソーシャルワークを学び、その後も現場で仕事をして10年余、という経歴を買っていただいてのことだと受け止めている。しかしそのたびにお伝えしているのは、「アメリカでの学生生活と臨床経験のなかで、記録について改めて学んだことはありません」ということである。というのも、アメリカでも記録についてはとやかく言われるようになってきてはいるが、たとえば大学院の授業で「記録の書き方」といった講座はないし、ソーシャルワーカー、カウンセラー、コンサルタントたちがそれぞれ、自己流でやっているのは日本と変わりがないからだ。違うことといえば、これら対人援助職の専門家の社会的認知度とそれに伴う責任、さらにそこから派生する訴訟の可能性である。

　アメリカ、特に私が仕事をしていたカリフォルニア州では、たとえばソーシャルワーカー（修士レベル）は州の免許を持っていれば精神科の診断を下すことができ、保険点数を申請することができる。業務範囲もかなり明確で、他業種との棲み分けもはっきりしているので、「ソーシャルワーカーとしての意見」を要求されることも多ければ、その意見が重要視もされる。その結果、ソーシャルワーカーも常にマルプラクティス（治療過誤）の可能性にさらされているため、自衛手段として記録の精度を上げざるを得ない。これはカウンセラーやコンサルタントという他の対人援助職にも言えることで、実際、ソーシャルワーカーやカウンセラーを相手取った損害賠償請求の訴訟は決して珍しい話ではない。

　そして日本でもこういう話を海の向こうのこととして片づけられないものだと認識して数年がたった。8年前の帰国当初は「これはアメリカのことなので、日本の方は先進の情報として聞いてください」と言うのが研修の定番の枕だったが、後述するように日本の状況はアメリカのそれ以上に厳しくなりつつあるようである。

　本書でご紹介する内容は、このような環境での日米両国でのこれまでの実地経験と、指導してくれたスーパーバイザーや先輩方、何よりもクライアントからの教えを統合したものである。海外のニッチな情報としてでなく、明日からの業務に生かせる

知識・テクニックとして読んでいただくことを切望する。

　筆者自身はソーシャルワークを学び、ソーシャルワーカーの免許を所有している。そのため、文献などはソーシャルワークのものが多い。しかし、カリフォルニア州をはじめアメリカでは、ソーシャルワーカーとカウンセラーの業務内容は重なる部分が非常に多く、本書でご紹介する内容はソーシャルワークの枠を超えて援助職の方全般に実用いただけるものと想定している。また、対人援助職の活躍の場は精神保健、医療、教育、福祉、産業と多岐にわたり、ますます広がりを見せている。最近では損害賠償保険に加入できる資格も増えてきており、その専門性に対する社会的・道義的責任が今後さらに問われることは間違いない。ぜひ本書をその対策の一つとして役立てていただきたい。

　また本書内ではサービス対象者を基本的に「クライアント」と統一させていただく。それは専門職が提供するサービスの「顧客」として対象者を捉えていただきたいからである。それぞれの職場・現場での呼称や実情にそぐわないこともあるかと思うが、紙面が限られていることからもご理解の上ご容赦いただきたい。

　なお本書執筆にあたり、多くの方々からご支援、ご指導をいただいた。いつも支えてくれている家族・友人はもちろんのこと、本書執筆を強く後押ししてくださった佐原まち子会長はじめ日本医療社会福祉協会の皆様、ご助力いただいたハートコンシェルジュ、そして何度となく頓挫したこのプロセスに辛抱強くお付き合いくださった中央法規出版第1編集部の皆様に心から感謝申しあげる。また第4章では、諸機関から事例提供という過分なご協力を賜った。各事例は利用者、機関とも特定できないよう、教育効果を一層上げるように原稿よりもさらに好ましくない内容表現に改変させていただいている。ご提供いただいた皆様が高い志をもって日々、支援活動に勤しんでおられることに疑問の余地はないことを申し添え、お礼の言葉に代えさせていただく。

2012年8月

八木亜紀子

はじめに……2

第1章
対人援助職に求められる記録

第1節 記録は誰のために書くか?……10
1. 記録の目的……10
2. サンフランシスコでの経験……11
3. 日本の事例……13

COLUMN01 『ケース記録』開示請求事件……15

第2節 歴史的背景……17
1. 観察記録からサービス提供の記録へ……17
2. 電子カルテ導入による影響……18

第3節 援助職に求められる倫理的責任と法的義務……20
1. 個人情報保護と安全確保……21

COLUMN02 タラソフ事件……23

(1) 記録の内容……25
❶ 臨床的に必要かつ説明責任を果たすに十分な記録を作成する／❷ 危機介入について書きすぎない／❸ 第三者に関する記載、家族介入の記入方法に十分に注意する

(2) 表現と用語選択……27
❶ 明解で具体的な表現をする／❷ 専門用語、略語は避ける／❸ 名誉毀損を避ける

(3) 記録の信頼性……28
❶ タイムリーな記録作成／❷ 専門家らしい文書作成／❸ 真摯な姿勢

(4) 記録へのアクセス……30
❶ 記録の保管方法を確立する(紙、電子)／❷ 情報開示の手順を確立する／❸ 裁判所命令への対応

（5）裏帳簿を残す危険性 ………… 34
　2. 援助職が準拠すべき行動規範 ………… 35
　　　（1）アメリカの状況 ………… 36
　　　（2）日本の現状 ………… 37
　3. Standard of Care（標準治療）と賠償責任 ………… 41
　　　（1）Standard of Careとは ………… 41
　　　（2）援助職の負う賠償責任 ………… 42
　　COLUMN03　セックスはセラピーではない ………… 44
　　COLUMN04　「納屋を燃やすのもありだ」 ………… 45

第4節 記録の果たす役割 ………… 46
　1. アセスメントと支援計画 ………… 46
　2. サービスの提供 ………… 48
　3. サービスの継続性と調整 ………… 49
　4. スーパービジョン ………… 50
　5. サービス評価 ………… 51
　6. クライアント、所属機関、他のサービス提供者、
　　裁判所、監査機関への説明責任 ………… 52

第2章
記録に必要とされる要素

第1節 名文家は良い援助職にはなれない ………… 56
第2節 面談中の情報を記録する ………… 59

1. MSE（Mental Status Exam、メンタルステータスエグザム）を使って 情報を可視化する …………59

2. MSEとは ………60

3. MSEの項目 …………60
❶全般的な見かけ、身だしなみ／❷体の動き・運動機能／❸発言の量と質／❹思考過程／❺思考の内容／❻知覚障害／❼面接時の態度／❽感覚／意識と見当識／❾クライアントの報告による気分／❿面接者の観察による感情・情緒の内容と振幅／⓫知能／⓬洞察力／⓭判断力

第3節 情報に基づいて問題を把握する …………74

1. 収集した情報から支援計画策定までの 思考プロセスを言語化する …………74

2. 援助職にとっての「見立て」とは何か …………75

   (1) バイオサイコソーシャルアセスメントを使った見立て …………76

   (2) バイオサイコソーシャルアセスメントが重要なわけ …………77

   (3) アセスメントを要するリスク …………78
   ❶リスクレベルを測る／❷援助職として／❸精神保健の専門家として／❹職場として／❺リスクアセスメントを文字化する

第4節 問題を解決するための支援計画を作成する …………95

1. 望ましい支援計画とは …………95

   (1) ゴールと手段を混同しない …………96

   (2) 長期的ゴールと短期的ゴールを設定する …………97

   (3) 客観的で具体的、数値化できるゴールを策定する …………98

   (4) 箇条書きにする …………100

   (5) アセスメントに合致したゴールを設定する …………100

   (6) クライアントの要望を取り入れる …………101

第5節 計画の実施、フォローアップとモニタリングをする……103
    1.計画を実施する………103
    2.フォローアップとモニタリングをする………104

第3章
実践で活用できる記録のフォーマットと表現集

第1節 実践で活用できる記録のフォーマット………108
    1.SOAPノート………108
        （1）Subjective（主観的情報）………108
        （2）Objective（客観的情報）………109
        （3）Assessment（アセスメント、見立て）………110
        （4）Plan（支援計画）………110
        （5）SOAPの例………110
    2.PORノート………118
    3.DAPノート………119
    4.CIRAPノート………121

第2節 専門家として適切な表現集………123

第4章
記録の実際——事例と解説

第1節 **医療現場の記録** ……… 130
第2節 **高齢者施設の記録** ……… 144
第3節 **ケアマネジャーの記録** ……… 157
第4節 **就労支援の記録** ……… 169
第5節 **カウンセリングの記録** ……… 185

おわりに ……… 197

第 **1** 章

対人援助職に
求められる記録

第1節

記録は
誰のために書くか？

1.記録の目的

　本書で記録の書き方を検討するにあたり、そもそも援助職が記録を書く目的を考えたい。

　専門家を生業としているからには、対人援助も商取引である。一般的な商取引は、商品が目に見えて、支払った対価に対して消費者が満足したかしなかったか、商品に欠陥がなかったか、明らかなものである。たとえば洋服を買いに行って、店員おすすめの新作を聞く。店員が似合うと選んでくれたシャツを買って帰ったが、家でもう一度着てみると、どうもサイズが合わない。レシートとタグが残っていれば、返品、場合によっては返金も可能だろう。サイズが合わないのだから、売った側もサイズ交換すれば（たいていの場合は）良い、あるいはサイズの測り方のまずい店員に再教育する、という対策が明らかである。医療も、サービスそのものはなかなか見えないことも多いが、それでも外科であればケガが治ったとか、内科でも血液検査の数値が変わったとか、治療の結果を測る方法がある。また医師の場合は、診断名をつけて処方するので、どのような判断を下していかに介入したか、すなわち介入方法（商品）を選択するに至った判断基準が明らかなのである。

　これらと比べると、対人援助はまさに目に見えないサービスであり、しかも実際にサービスが提供されたか、そのサービスに効果があったかを裏付けることが極めて難しい。つまり、対人援助者が記録を書く目的は、自分がどんな支援（商品）を提供したか、またそれを選択するに至った判断基準が何だったかを明らかにし、まさに「記録」して残すことにある。

　仮に買ったシャツを交換しようと店に持ち込んでその対応に納得がいかなかった場合、買った側が消費者センターにせよ（極端だが）裁判所にせよ、第三者に不服申し

立てを行うことになる。買った側の言いがかりなのか、売った側の不備なのか、第三者が判断する基準は、商取引において行き来した商品と対価、そしてその記録である。これらがなければ第三者としては決めようがないが、最近の日本では製造者責任が重視される傾向があるので、売った側の分が悪いことが多い。あるいは買った側がマスコミに訴えた場合のリスクを考えて、売った側が示談を提案するということもありうるだろう。

　これは医療においても同じことである。インフォームドコンセント、セカンドオピニオンといったカタカナ言葉が徐々に浸透しつつあり、患者保護の傾向が見られるようになってきている。「先生」と呼ばれて権威をみとめられてきた医師でさえ、その判断基準を患者本人だけでなく、場合によっては同業者を含む第三者に対して明確にすることが求められているのである。

　このように考えると、対人援助者の記録は援助者当人のためのものではなく、クライアントに加え、第三者が見るためのものであることがおわかりいただけると思う。

　多少脱線するが、私が「記録の研修会」でいつも参加者にお尋ねするのが、誰のために記録を書いているか、という質問である。この研修会を始めた8年前は、援助者自身か、「クライアントまたは患者」という答えしか出なかった。それが最近、他職種、自分の代わりに担当してくれる同僚、上司、施設などのために記録を書く、と答える参加者が急増している。それだけ日本の援助職の間でも、上記目的のための記録作成の意識が高まっていると言えよう。さらに言えば、クライアントの弁護士、裁判官、今後は裁判員も記録を読むことが予想される。裁判所のプロジェクターで、自分の書いた記録がスクリーンに大写しになる場面を想像すれば、おのずと身も心も引き締まることだろうが、これは脅しでも何でもなく、援助職が直面していると自覚すべき現実なのである。

　繰り返しになるが、記録は自分のための備忘録ではなく、商品とそれを選択した判断基準を第三者にも理解してもらうためのものであるということを肝に銘じていただきたい。

2.サンフランシスコでの経験

　とはいえ、人間なじみのある悪癖からはなかなか逃れられないのも事実である。かくいう私も以前は自分の備忘録として記録を残していた。それを覆さざるを得ない場面は数え切れないが、その中からエピソードをいくつかご紹介しよう。

アメリカのウィスコンシン州マジソン市というのどかな町で大学院を卒業した私は、サンフランシスコ市でソーシャルワーカーとして就職した。最初の仕事先は、重度の精神疾患をわずらった成人を対象としたデイケアとグループホームが併設された施設だった。担当していたクライアントの一人は40代の女性、長年の治療で病態も安定し、クライアントの中でもリーダー的な存在で、私のことも実にかわいがってくれた。ある時、生活保護給付のため記録にクライアントの署名をもらうように指導が入り、それまでは年間支援計画だけでよかったのが、週報にもクライアントのサインが必要となった。年間計画は本人も見る前提で慎重に書いていたが、週報には油断して（というより、新人なりに張り切って）ついつい専門用語を羅列していた私は、本人が記録を読んでいる間、「読み飛ばしてくれますように」と祈るような気持ちだった。しかしもともと聡明な彼女は当然気づいて「この『情緒の振幅が激しい』って何⁉」と激昂した。今なら、「だからそれが『情緒の振幅が激しい』ってことですよ」などと言って切り返すところだが、当時ナイーブだった私は平謝りに謝って書き直した上で彼女のサインをもらう羽目になったのである。

　またこんなこともあった。上述の職場を退職した後、多言語・多文化対応を特徴とする精神科の外来の診療所にカウンセラー兼ケースワーカーとして勤めた。母語でサービスを受けたいからと利用歴何十年というクライアントも多くいる診療所だった。その中で私が一時期担当して別のクリニックに紹介したクライアントの一人が、失踪した。彼はすぐに見つかったのだが、過去数年間の治療コンプライアンスが極めて低く、行政の監査が入ることになり、その診療所の記録も監査対象となった。査察官がやってきて、スタッフルームの片隅で電話帳のような分厚い記録を読む間じゅう、気が気ではなく、査察官が顔を上げるたびに冷や汗をかいたものである。

　ある時は、精神科医との定例の面談中、突然クライアントが自分のカルテを奪い取って病院を飛び出した。若手のワーカーやカウンセラーが追いかけてなんとか本人を取り押さえ、カルテも手元に戻ってきたが、もしあのままクライアントが逃げおおせ、カルテの隅から隅まで読むことがあったら、あるいはそれを本人がどこかで紛失していたら──。その中身は当然のことながらすべて署名入りの公文書であり、発生しえた責任を想像するだけでぞっとする。もちろん、このクリニックのセキュリティのお粗末さは記録以前の問題であったことは言うまでもない。

　また同じ診療所の業務として、市の公衆衛生局のリスクマネジメント委員会に参加したことがあった。これは、公衆衛生局管轄のクライアントが死亡した場合、心理的剖検（Psychological Autopsy）を行った後に関係者から問題点や課題を聞き取り、改善策を提案する機関である。心理的剖検とは、死亡したクライアントの記録をすべ

て読み直す作業のことで、いわば検死作業である。剖検段階では主に、死因の心理的・医療的側面の特定と、サービス提供者側の不備の洗い出しが行われる。その後の委員会は、むしろその剖検結果を学習機会とするための作業である。このような前向きなテーマが掲げられてはいても、委員会に呼び出された関係者はお白州に引きずり出された下手人よろしく、恐々として委員会のコメントを聞くこととなる。その際、多少とも現実的で建設的な提案が出るか否かは、やはり元データとなる記録がどの程度残っているかに大きく左右されていた。

3.日本の事例

　もちろん日本でも、同じようなことは起こりうる。
　相談援助者の記録に関し、こと説明責任が問われた案件として、「『ケース記録』開示請求事件」というものがある。
　もともとは、ある高齢者があるサービスを申請した際に行政のソーシャルワーカーが作成した生活記録表（以下、ケース記録）に端を発する事件である。申請が受理されなかったのでケース記録の開示を求めたところ、行政側が拒否したため、それを取り消す請求を本人が起こしたのである。実はこのワーカーはアセスメントの際、本人の世話をしていた家族からも聞き取りを行い、その際この家族が訴えた「愚痴」をそのままケース記録に残した。最初の情報開示請求はこの家族からなされたが、個人情報保護を理由に行政側が拒否、その後本人自身が改めて開示を請求した。その際、行政側は全体の8割に当たる家族からの情報を黒塗り（以下、非開示部分）にして開示した。非開示部分を開示することにより、「著しい支障が生ずる恐れがある」ことを理由としてである。その後本人はこの非開示部分の開示を請求した。
　地裁では、非開示部分の開示が本人自身と家族、ワーカーの間に感情的な紛争が生じるとして請求を棄却した。その後本人が控訴したところ、高裁は、ワーカーの所見を開示しても信頼関係が著しく損なわれるとは認めがたい、また「適切を欠く表現を用いてしまった場合は、開示の際に補足的に説明することによって信頼関係の維持に努めるべきである」と原判決を取り消したのである。
　ここで言われているのは、一つは相談援助職が作成する記録は必要事項のみ記載されているのが前提であるということ、もう一つは本人に不利益が生じるとしてもそれを理由に開示を拒否できないことがあるということである。つまり、文字にした時点でその内容を援助職は撤回も否定もできないということである。

この事例は行政の手足となって活動するワーカーの業務内容についての問い合わせであり、援助職と呼ばれる専門家すべてに同じような説明責任があるとはいえない。とはいえ、民事訴訟の場合、損害賠償請求は10年間さかのぼることができる。医師法によれば記録は5年間保管が原則だが、場合によっては昨日帰りがけに「もうこれでいいや！」と半ばやけくそで書いてしまった一言に向こう10年、追いかけられてしまう可能性があることは十分認識しておくべきであろう。

　ここまで来て、「じゃあ、一体何を書いたらセーフなの？」という疑問が当然湧いてくるだろう。残念ながら答えは「わからない」。なぜなら、向こう10年でどのような判例が積み上げられるか、保険制度がどう変わっていくか、予測を立てて完璧な予防線を張ることは不可能だからだ。実際のところ、記録、さらに言えば相談援助に求められるクオリティや内容は刻々と変化している。

　しかし、専門家である以上、「援助職としてここまでやっていればまあ良し」というレベルはある。たとえば熱を出している子どもに医師が解熱剤を処方したとして、子どもの家族や場合によっては裁判官に後から「なぜその時解熱剤を出したのですか？」と聞かれたとしても、その時子どもが実際40度の熱を出していた記録があれば、当の医師は「解熱剤の処方は発熱している子どもへの通常の治療法で、専門家として妥当と判断したからです」と説明できる。それは後ほど説明するStandard of Care（診療・治療の基準）に当たる、"医師としてこれまで長年蓄積されてきている知識や本人の経験から導き出された判断"に処方が合致しており、医師はいちいちそれを引き合いに出さなくても良いという暗黙の了解があるからだ。ただしポイントは、処方する根拠となった検温の記録がきちんと残っている、ということである。

　われわれ援助職のStandard of Careは医療ほど明確ではないが、それに沿って業務を進め、記録を残していれば、何かあっても「まあ良し」とみなされる可能性が格段に高くなるのである。本書の後半は、具体的にどういう記録が望ましいかというテクニックに紙面を割いているが、それだけでは枝葉末節である。前半で解説する記録の内容と機能についてまず理解いただければ、後半のテクニックをより効果的に実践していただいたうえで、第三者に「まあ良し」とみなされる記録を残せるようになると思う。

COLUMN 01

『ケース記録』開示請求事件

〈事件の概要〉

　平成11年4月、Xに対する高齢者福祉サービス（ホームヘルパー派遣）申請に関してY市所属のケースワーカーが生活記録表（以下ケース記録）を作成した。

　のちにXの息子の妻であり介護者でもあるA子がケース記録開示を要求したが、個人情報保護条例によりY市より拒否され、その後X自身が請求者となって開示請求をした。Y市は、ケース記録の大部分である黒塗り部分（以下本件非開示部分）は、条例の「個人の評価、診断、判定及び選考等に関する情報であって、本人に開示することにより、当該評価、診断、判定及び選考等に著しい支障が生ずる恐れがあると認められるもの」に該当するとして非開示部分の開示を拒否した。

　Xは非開示部分拒否処分の取り消しを求めた。

〈判決より〉

　さいたま地裁（平成14年3月）では、「Xは意思能力を喪失しているという状態に至っているものではないと認められるものの、高齢のため、自己の置かれている状況についての理解力が相当程度減退していることは否めず、本件非開示部分が開示され、これがA子の目に触れることによって生じ得る事態について理解しているものかどうか重大な疑問を抱かざるを得ない。現在、原告の介護者であるA子に対する依存度が極めて大きいことを考えると、このことを軽視することはできない。」また、「Xに対し非開示部分を直接開示すると、X、その介護者であるA及び担当ワーカーとの間で感情的な紛争が生じ、以後のサービスの提供について妨げとなることが予想される」として棄却した。

　Xはその一部非開示決定を受け、その取消しを求めて控訴した。

　東京高裁（平成14年9月）では、「担当ワーカーが行う申請者の実態調査は、福祉サービスの適正な提供のためであり、必要事項について的確な表現を用いて記載がなされることを前提とする限り、担当ワーカーの所見部分を対象者に開示しても、担当ワーカーと対象者の間の信頼関係が著しく損なわれるとは認めがたい。そして担当ワーカーは、ケース記録の作成に当たり適切な表現を用いるよう努めるべきであり、適切を欠く表現を用いてしまった場合は、開示の

際に補足的に説明することによって信頼関係の維持に努めるべき」であり、「本件非開示部分には、控訴人がAをどう思っているか、控訴人がAからどう思われているとかという事項についての控訴人の発言及びこれについての担当ワーカーの理解、評価が記載されており、その表現が適切を欠き、A子に知られると控訴人の立場がなくなるような表現になっていることが窺えるのであるが、控訴人自身が開示請求をしていることは本件取消訴訟自体において明らかであるから、開示された自己情報を控訴人がA子に知らせた場合の成り行きまでを考慮して非開示事由該当性を判断するのは相当ではない。なお、控訴人本人尋問によれば、控訴人は高齢ではあるが、質問に対して的確な応答をしており、本件開示請求をするについての意思能力はもちろん、これと関連する事項についても一応の判断能力を有していることが認められる。さらに、控訴人とA子の間には被介護者と介護者としての一〇年以上にわたる信頼関係があるのであって、ときにA子において介護にともなうストレスがあったとしても、控訴人の自発的意思により本件非開示部分をA子に見せる限りにおいては、両者の間に軋轢が生じるとは考えられない。」として原判決を取り消した。

〈まとめ〉

　原判決では記録に残り、かつ伏せ字になったX自身の発言やワーカーの理解、評価がA子との関係に軋轢を生む恐れがあり、開示すべきでないという判断が下されている。しかし控訴審では、そもそも福祉を提供するワーカーの表現は的確な表現を用いて記載することが前提で、それを開示することで信頼関係が損なわれるとは言い難いし、そういうことがあれば開示の際に補足説明をして信頼関係の維持に努めつつ開示すべし、という決定がなされた。

第2節
歴史的背景

1. 観察記録からサービス提供の記録へ

　対人援助、あるいは社会福祉という活動・行為がサービスとして社会に認知され、定着した過程のなかで、その記録の内容や性質は大きく変化した。それはサービスを受ける側の期待が変わった、あるいは高まった結果、援助職によるサービスが「専門技能」として進化したことの表れである。

　かつては援助職が記録を残す目的は、研究や教育、理論作りのためであった。Reamerによれば、1920年代、30年代には、個人的性格の影響や心理的ゴール、精神科ケースワークに関連する業務において、記録を残すことの重要性が強調されたという。その後1940年ごろまでには、記録は大きく次の3種類にそれぞれ発展した。一つは提供されたサービスの時系列の記録、一つはクライアントとの関係性の概要、もう一つはクライアントの言動や対人援助者とのやりとりに関する詳細な記録（逐語録またはプロセスノート）である。その後、援助職の記録は次第に発展し、クライアントの抱える問題や直面する状況、クライアント自身による主観的訴え、観察や検査等による客観的情報、援助職による問題の把握と支援計画といった要素を含むものへと淘汰されていった。ここに見られるのは、援助職の記録が臨床的活動の一環として洗練されていった過程である。

　それが大きく舵を切るきっかけとなったのは、1990年代半ば、主にアメリカでutilization review（利用状況調査）とマネージドケアが台頭した影響を受け、記録作成がリスクマネジメントの一環として捉えられるようになったことである。

　ここでマネージドケアについてごく簡単に解説する。1960年代のアメリカでは、膨張した医療費を削減する手立てとして、診療報酬の包括支払い方式（マネージドケア）が提唱された。包括支払い方式とは、ある診断名や医療行為に対して一定額の診療費

が支払われるシステムである。これに対し、日本の医療制度は実際にかかったコストについて基本的にすべて保険が支払われる出来高方式が主流である。

　マネージドケアは1人の患者にケアが集中することを避け、より多くの患者に必要なケアが提供されることを目指している。決まった量のサービスをできるだけ効率よく公平に分配するために、重複や不要な過剰治療を避けるのが目的である。一方の出来高方式では、ある患者に対して手厚いケアを提供することは可能かもしれないが、その患者のケアを巨視的に見る仕組みがなければコストの抑制は難しい。マネージドケアは保険会社が経営しており、ある医療行為を行う際、医師は保険会社に対してその必然性と妥当性を証明しなければその行為が保険対象外となってしまうこともある。つまり、医療判断よりも経営判断が優先して医療行為が抑制される可能性があるのである。医者が自分で決めた治療法について門外漢の保険屋にお伺いを立てなければならないのは本末転倒、というのはマネージドケアへの批判の一つである。

　とはいえ、マネージドケアが浸透したことで、専門職が説明責任を強く意識するようになったのは事実である。それまで漫然と提供されていたサービスや治療行為について、第三者が見ても納得できるような根拠を明らかにすることを業務の一環と捉えることは、専門家として社会から信頼を得る上で必要不可欠な作業と言える。

　また、アメリカでは援助職が通報されたり訴えられたりするケースが増加している。冒頭でも述べたように、援助職のサービスは目に見えないものであり、証拠として残せるものは自らの「記録」のみである。リスク回避の手段として、記録の重要性が認識されるようになったことは当然と言える。この点については後ほど詳しく解説する。

2.電子カルテ導入による影響

　最近日本の病院では電子カルテ化が急速に進んでいて、病院のソーシャルワーカーたちの間では、その大きな波にどのように対処するか、というのが大きな問題になっている。

　日本の医療現場のソーシャルワーカーの対応としては、電子カルテ化せず紙で管理する、電子カルテ化するが病院全体のデータとは別で管理する、病院全体のカルテの一部として電子カルテ化する、という3つに大きく分かれるようで、これらの間を行ったり来たりしている病院も少なくない。現場がこのように対応に苦慮する背景には、そもそも援助記録を電子化することへの十分な検証やノウハウの蓄積がないこと

がある。

　アメリカの病院では、ソーシャルワーカーの記録も全体のデータベースに乗せているところが多い。一つには、のちに解説する「すべての記録は等しく開示の対象になる」ためで、別のデータベースなどで管理すると、それを分割した必然性を説明することのほうがコストがかかり非効率的だからである。

　日本では、何を記録として残すべきか、という吟味が十分になされずに、その方法論が先行している感がある。記録の性質は（サービスを反映して）流動的で、その要件は変化しているとはいえ、本質を検証することで方法についてはおのずと導き出されると思われる。他の専門職と対等のチームワークを目指すのであれば、内容を検証したうえでカルテは共有化されるべきであろう。

第3節
援助職に求められる倫理的責任と法的義務

　アメリカの援助職の免許あるいは認定は更新制であることがほとんどで、更新のたびに継続教育を修了することが必要とされる。ここ10数年の傾向は、その継続教育に「倫理と法」を必須とする団体が増えてきていることで、それだけこのテーマの必要性が高まってきていることの表れと言える。

　ここでいう倫理とは「職業倫理」のことである。倫理と似たような言葉には道徳、良心、常識、価値観などがある。これらは個人として、あるいはある社会の一員として守ろうとするものである。

　倫理は、人として守るべき道、道徳、モラルと定義される。道徳はある社会で、人々がそれによって善悪・正邪を判断し、正しく行為するための規範の内面的原理を言う。良心は道徳的に正邪・善悪を判断する意識のこととされる。常識はある社会で、人々の間に広く承認され、当然もっているはずの知識や判断力である。価値観はいかなる物事に価値を認めるかという個人個人の評価的判断である。

　職業倫理は、特定の職業に就く人たちがその職務を遂行する上で共有する価値観のことを指す。

　法律上課せられている義務と、クライアントを保護するという倫理的責任は時として拮抗する。アメリカでは判例をもとに法律が変わり、援助職が果たすべき義務が刻々と変化している。日本でも今後、法的義務とその履行が周知徹底される可能性があり、そういった情勢について十分に学習することが必要である。アメリカの場合、自傷他害、虐待（幼児、成人とも）については通報義務がある。日本でも同様の通報義務はあるが、アメリカでは通報して個人情報漏えいで逆に訴えられた場合に守ってくれた判例や通報しなかった場合に過誤で罰せられた判例がある。

　たとえばカウンセリング中にクライアントが「娘が言うことを聞かなくて、がまんできなくなりそうになる」と漏らした場合、児童虐待で通報するか、援助職として相談者の情報を秘匿するか。あるいは、訪問カウンセリング先で「会社のお金を着服し

たら罪悪感で眠れなくなった」と言うクライアントを会社のコンプライアンス部門や警察に引き渡すか、情報は開示せずに不眠について検討するか。

　いずれの場合も、この情報だけでアクションプランを決定するのは難しい。それぞれに取るべき対策はいくつかあり、その優先順位付けは状況によって変わってくる。その中でも最善の決定をするために検証すべきは、個人情報の保護とクライアントまたは公共の安全確保である。

1. 個人情報保護と安全確保

　日本では平成17年に個人情報保護法が施行され、急速にプライバシー保護の意識が高まってきている。個人情報保護法で言われているのは、個人の情報を取り扱うに当たり、できる限り利用目的を特定することである。特に、本人の同意を得ず個人データを第三者に提供することを原則禁じている。この法律は個人情報取扱事業者に対しての規制であり、援助職が影響を受けない場合も考えられる。

　一方アメリカでは平成8年にHIPAA法（Health Information Portability and Accountability Act）が施行された。この法律は個人の健康に関する情報にまつわる法律で、基本的な方針は必要最小限の情報を必要最小限の相手にしか開示しない、というものである。たまたまこの法律が施行された前後にアメリカにいたので、導入に当たっての現場の苦労とドタバタを体験する機会に恵まれた。

　HIPAA法に限らず、アメリカでは説明責任を果たす一環として、サービス開始時にクライアントとの間に事細かな同意を取る。口頭であっても文書化されていても同意の効力には法的な差はないが、口頭では証拠が残らないので文書化するプロセスを踏むことが望ましい。

　同意書にはサービスを受けることそのものについての同意書に加え、情報を開示する場合には別途、情報開示同意書を作成することが必要である。アメリカではいずれの同意書にも、例外が明記されている。この場合例外とは、個人情報の秘匿が遵守されない場合のことであるが、それはアメリカでは、個人の情報秘匿よりも公共の安全を守る義務が援助職にも課せられているためである。この義務がこれほど明確に定義されるようになったきっかけは、日本でも知られているタラソフ事件である。

　このタラソフ事件をきっかけに、カリフォルニア州では州法5150条が注目されるようになった。この5150条が適用されたクライアントには、72時間強制入院の措置が取られる。72時間後にさらに入院治療が必要かどうか簡易裁判所で判断し、さらに2週

間拘束される場合もある。カリフォルニア州の場合、この5150条の執行権は一定のトレーニングを受けていればかなり広く援助職に付与されるものである。そのため5150条が適切に執行されないことも残念ながら多くある。その対抗策として、行政と患者の権利団体が協力して5150条執行のトレーニングを行っている。このトレーニングで言われることは、奇しくも正確な記録作成の重要性だ。

　ここで少し詳しく5150条について解説しよう。5150条とは、精神疾患により自傷、他害、grave disability（深刻な障害、障害により自分の衣食住が確保できない状態を指す）の切迫した危機に直面しているクライアントを保護するために、個人情報を開示して強制的に72時間入院させ観察期間を設けることを定める条例である。この5150条のポイントはクライアントの状況が差し迫っているということである。たとえば面接中に「死にたい」とクライアントが告白して、それでも次回の面接の約束に同意すれば、その時点ではクライアントの自殺念慮は切迫していなかったと言える。仮に情報を開示して強制的に安全確保した場合、情報開示の妥当性は低減し、個人情報が適切に保護されなかったと判断される可能性が高くなる。一方、「次の約束ができない」と言われれば、切迫していないとする根拠がなく、情報を秘匿することが個人の安全を脅かす可能性が高くなるので5150条執行の妥当性は高まる。

　このように、少なくともカリフォルニア州では情報開示と安全確保について、援助職に大きな責任が課されている。日本の現状として、それだけの専門的判断は援助職には求められていないかもしれない。しかし、ケース記録事件のように援助職が作成した記録が実際裁判の俎上に乗る可能性は今後増えることが予想される。そうなる前に、専門職として準備を始めることは極めて賢明な自衛手段と考えている。

COLUMN 02

タラソフ事件

　タラソフ事件、あるいはタラソフ判決とは、発生以降、アメリカの精神保健に携わる専門家たちに大きな影響を与えている事件である。臨床家の間で「タラソフ」と言えばすなわち、警告義務と同義語として使われるくらいに浸透している。なお、厳密には単に「警告する」だけではなく「保護する」までが義務である、という議論がアメリカにもあるが、Duty to warn（警告義務）という表現がより浸透しているので、ここでは警告義務と統一して解説する。

〈事件の概要〉
　1969年8月、あるクライアントが、海外旅行中の女性を殺すつもりだと、担当セラピストである心理学者のローレンス・ムーア博士に告白した。名前は伏せられていたが、その女性がタチアナ・タラソフであることはムーア博士にも容易に想像がついた。当時ムーア博士はカリフォルニア大学バークレー校のカウェル記念病院に所属しており、大学警察にこのクライアントの拘留を口頭と文書で要請した。警察はこのクライアントを一旦拘留したものの、冷静に見えたとしてすぐに釈放した。ムーア博士の上司であるハーヴィー・パウェルソン博士はそれ以上の措置は必要なしと判断し、ムーア博士の文書の回収を指示した。また、誰もタラソフの両親に、娘の危険について警告しなかった。
　1969年10月27日、クライアントはタラソフが海外旅行から戻って間もなく彼女の自宅に行き、殺害した。タラソフの両親は危険にさらされていた娘への警告義務を怠ったとして、セラピストをはじめ大学運営理事会やその他大学職員を訴えた。
　一方セラピストは、患者ではないタラソフに対しては義務が発生しないと訴えた。

〈判決の要旨〉
　1976年、カリフォルニア州最高裁は、精神保健の専門家は患者だけでなく、患者によって危険にさらされている特定個人に対しても警告義務が発生するとした。
　トブライナー判事は、「患者とセラピストの間のやりとりの秘匿性を尊重す

るという公序は、第三者の危険を回避するのに必要な場合には譲られるべきである。守秘が特権であるのは公衆に危険が迫るまでのことである。」と書いている。

〈タラソフのその後〉

アメリカのすべての州でタラソフ判決が判例として支持されているわけではない。たとえばバージニア州最高裁は1995年に、全員一致でこれに反する判決を下している。元の彼女の頭に銃を突きつけたことをきっかけに自主的に入院したクライアントが、数日後に外出し、彼女を殺して自殺したというのが事件のあらましである。殺された女性の子供の父親は、セラピストと病院を訴えた。このセラピストはこのクライアントと17年間も治療関係があってこの女性に対する過去の暴力を認識しており、事件後入院を勧めただけでなく複数回外出していたことも知っていたが、彼女に危険を警告しなかった。しかし「警告義務は通常以上に患者を管理する関係にあることを前提とする」として、セラピストにも病院側にも警告義務がなかったと判断された。

その一方でカリフォルニア州控訴院では2004年、家族からの情報に対しても警告義務が発生するという判決が下された。「息子が銃で元彼女の彼氏を殺すと言っている」とクライアントの父親からセラピストに連絡が入り、その後セラピストに促された父親が息子を入院させたが、クライアントは退院後、その彼氏を殺して自殺するという事件が起きた。この事件では警告義務を怠ったと彼氏の両親がセラピストを訴え、それに対して控訴院は「情報が患者自身からであるか、肉親からであるかには大差がない」という判断を下している。今後、アメリカでも日本でも、安全確保と守秘義務のバランスがどのように取られるのか、注目を要するところである。

（1）記録の内容

　それでは記録にはどんな内容を盛り込めばよいのだろうか。

　すでに述べたように、記録はわれわれ援助職が残せる、数少ない支援の証拠である。そのため、臨床的に必要かつ説明責任を果たすのに十分な記録を作成することが望まれる。たとえばあるクライアントには3回しか面接していないのに、同じような問題を抱えた別のクライアントに30回面接したとする。それぞれのクライアントのニーズをアセスメントしてサービスプランを作成し、支援を実施しているなら、それは援助職が専門家として下す判断であり、バリエーションがあることは必然である。ただし、なぜ前者は3回で終了して、後者はその10倍も時間を割いたのか、その判断の根拠を記録に残す必要がある。その根拠として有効なフォーマットの一つであるMSE（Mental Status Exam、メンタルステータスエグザム）を後ほど紹介する。

❶ 臨床的に必要かつ説明責任を果たすに十分な記録を作成する

　前述したように、記録は援助職にとって唯一のサービス実施の証明である。自分が提供したサービスが専門家として適切な内容のものであったことを残すには、記録にするしかないのである。たとえば他業種と連携する、あるいは何らかの事情で同僚や上司に対応を依頼する場合には、それまでのサービス内容が共有化されなければならない。このような作業を速やかにし、チームアプローチを効果的に行うためにも、記録には必要な情報が網羅されていることが最低条件になる。

　それと同時に、ちょうど一枚のコインの裏表のように、専門家として適切なサービスを提供したことを証明するのはすなわち、説明責任を果たすことにもつながる。上述した例のように、同じような問題を抱えたクライアントに対して、一人は3回、もう一人は30回面談をしたとする。素人目には似たような問題であっても、援助職が専門家としてアセスメントを行った結果、所見が大きく異なることは珍しいことではないし、むしろそのような判断と振り分けのために専門家が介入する必要がある。専門家がどのような所見とアクションプランを策定するかは、専門家としての教育と経験によるものだからである。

❷ 危機介入について書きすぎない

　必要な情報を記録に残そうとする場合、問題になるのが危機介入などである。通常とは違う対応をして、普段はない関係者との連絡もあって、時系列がわからなければ誰の責任かもわからない……、という状況ですべて文字にしようとすると、事実関係

だけでもあっという間にページを食ってしまう。気がつけば普段の5、6倍の分量になってしまいかねない。しかしここで注意したいのが、書き過ぎることの影響である。普段1時間のセッションで3、4行しか書いていない人が、いきなり1時間半の危機介入で何ページもの記録を書いていたとしたら、「普段の記録はどうしてほとんどないの？　1時間も何してるの？」と思われても不思議ではないだろう。危機介入以外のサービスが怠慢だと解釈されることもありうる。

　援助職が記録を残すのは、あくまでサービス提供上必要だからである。つまり、どの程度の記録をどう残すかというのは、専門家としての判断に基づくものと第三者からは見なされる。書くことも、書かないことも、等しく必要性が吟味された結果と受け止められるのだ。事実関係をただ羅列するのでは仇となってしまいかねない。必要な情報をいかにコンパクトに文字に残すか。高度な判断力が要求されるテクニックであるが、自衛のためにも身につける必要がある。

❸ 第三者に関する記載、家族介入の記入方法に十分に注意する

　援助職が陥りがちなのが、支援している対象が誰だかわからなくなってしまう、ということである。たとえば虐待児童のクライアントにかかわっていて、ついつい親まで自分のクライアントと勘違いしてしまってあれこれ口出しし、挙げ句にクレームをつけられる、ということは少なくないだろう。子供への虐待を悪化させることにもなりかねない。このような場合に問題なのは、クライアントでない親への口出しは（それがいかに妥当であっても）おせっかいに過ぎないこと、そして専門知識のある専門家がかかわったからには、実は「単なるおせっかい」ではすまないことである。

　これを記録に置き換えて考えてみると、クライアントへのサービスを記録しているのに、いつのまにかその家族や職場の同僚、友達のことまで書いてしまっていたとしたら、大いに問題であることはおわかりいただけるだろう。「クライアントの記録」に他人に関する記載をすることは、本来のクライアントが誰だかわからなくなってしまったと証明しているようなものである。

　また、これと少し状況は異なるが、たとえばクライアントが高齢者で家族からいろいろと本人の情報を得ている場合、その情報の出所が本人でないことは明確にしておく必要がある。家族が「介護でへとへとです」と訴えたとしても、それはクライアントの話ではない。家族をクライアントとしてサービスを提供することが可能ならば、記録も分けて作成するべきである。それができない場合、本人の視点からすれば社会資源が十分でない、ということがテーマで、家族へのケアはあくまで二義的なものであることを十分に認識しなければならない。

さらに厄介なのが、第三者に関して伝え聞いた情報であっても、文字にすることによって書き手がお墨付きを与えたと取られうる、ということだ。たとえば、クライアントが夫のことを「アル中のＤＶ野郎」と言ったとする。これをそのまま書いたとすると、援助者が夫をアルコール依存者、しかも配偶者に暴力を振るっていると判断したと受け取られかねない。記録をほかの専門職と共有化して「○○さんが、夫が患者を殴っていると記録に書いていました」と言われることもありうる。公文書でなければ記録は開示を前提に書かれていない。とはいえ、場合によっては名誉棄損でこの夫から訴えられることにもなりかねないのだ。基本的には、自分で確認できない情報は記録には書くべきではない。「家族の情報は大事ですよ、確認できない情報も重要なこともありますよ」とよく言われるが、その情報をクライアントの記録に残す必然性がどのくらいあるか、十分に検討する必要がある。先ほどの例であれば、夫がＤＶ加害者でアル中であることは支援の焦点ではない。もっと言えば、夫のアルコール依存や暴力を止めることはわれわれの支援の焦点ではない。サービスの対象者はあくまで妻であり、必要な情報は、クライアントの安全が自宅で確保されないことである。少なくともその理由、しかもクライアント自身のことでない情報を類推で記録に残す必然性はない。

(2) 表現と用語選択

❶ 明解で具体的な表現をする

　すでに十分理解いただけたと思うが、記録作成の際はとにかくわかりやすく具体的な表現をすることである。それは記録が自分以外の人に読まれることを前提としているからだ。心理的な内容を文章にすると、ついあいまいな表現をしてしまう。人の心はあいまいだから、それを明確な言葉にすることは難しいのは当たり前である。しかし、その内容に基づいて具体的な支援計画を策定するのであれば、その根拠は具体的かつ明解であってしかるべきであろう。

❷ 専門用語、略語は避ける

　第三者、それも専門家でない人が読んで理解できる記録を作成するのであれば、専門用語は極力避けたほうがよい。心理学用語などを使って難解な文章を作成するよりも、現象を具体的に文字化したほうが、第三者はもとより、クライアントにも理解されやすいためだ。追加で説明しなければならない状況はないにこしたことはない。

　また、略語もできるだけ使わないほうが誤解を避けられる。使う場合は一般的なも

のを使うにとどめるよう、日頃から心がけておきたいものである。

❸ 名誉毀損を避ける

　文字として残すか否かにかかわらず、クライアントに関する誹謗、中傷、悪口が禁忌であるのは言うまでもない。しかし書き手が意図しなくても、読み手によって受け止め方はさまざまであり、相手を傷つけることは往々にしてある。書類は一定期間保管されるため、書いたときは面白かったことも、後になって読み返すと悪意にとれることがあるかもしれない。このことからも、物議を醸すような表現、用語選択を避け、伝えたいポイントだけを的確に表現するよう注意しなければならない。

(3) 記録の信頼性

❶ タイムリーな記録作成

　記録はわれわれ援助職が残しうる、唯一のサービスの証拠である。しかし、そうはいっても記録そのものはわれわれ自身がいかようにも脚色できるし、場合によっては改ざんすることも簡単である。そうすると、クライアント自身、あるいは第三者にとって、信頼するに足る記録であるということをむしろ積極的に伝える必要がある。

　そのためのポイントの一つが記録をタイムリーに残す、ということである。「timely」を辞書で引くと「時宜を得た」と書かれている。読んでわからなくはないが、日常生活で使う言葉ではない。普通に使えるやまと言葉あるいは熟語のいい日本語訳がないことを見ると、日本文化では「速やか」という観念は評価されても「いいタイミングで」ということにはあまり価値がなかったのかもしれない。

　英語で「quickly（素早く）」でも「immediately（ただちに）」でもない。ちなみに英英辞書で調べると、適切なタイミングで、とか、申し分のないタイミングで、ということだそうだ。これはつまり、タイムリーとは書き手が判断して「ここだ」という時に文字化することが前提である、ということだ。

　たとえば緊急事態が発生して、数時間に及ぶ対応をしたとする。速やかな記録を要求されていれば、同時進行で記録を作成することもやぶさかではない。そのかわり、リアルタイムの記録では要領を得ず、結論もよくわからなくなるだろう。また、Aプランをやったけどだめ、そこで会議をやってBプランとCプランを考えたけど、結局どちらも可能性がないのでまた会議をやって最終的にDプランをやった、というような状況の場合、これを漫然と書いたのでは記録は膨大、肝心なDプランの詳細を文字にする前に力尽きて時間切れ、となりかねない。

一方「タイムリーな記録」は、緊急事態がひとまず収束してからできるだけ早く記録することが必要だが、必要な情報をポイントを押さえて文字化することができるであろう。書き手もそれまでの流れを自分の頭で整理したうえで記録することができ、その後の対策を考えるうえでも有効なプロセスにすることができる。記録そのものの分量も抑えられて、時間を取られることも少なくなるはずである。ここでも援助職が専門家として判断し、サービス提供に必要な情報をもっとも効果的に記録に残すことが期待されていることがわかる。

　ただ、重要なのは、当然のことながら「できるだけ早く」記録する、ということである。昨今電子カルテ化が進んでいるので、「その時に書かなければ後から加筆はできない」ということが徐々に浸透しているようで、それをプレッシャーに感じている援助職は少なくないであろう。特に多職種でチームアプローチをとっていると、自分が書かないと次の人が書けない、あるいはぼんやりしている間に順番を飛ばされて書けなかった、というようなこともありうる。手書きであれば、頭のスピードには手はついていかないし、書いていて疲れるからほどほどでギブアップせざるを得ないが、コンピューター上で文書を作成していると、いくらでも修正できるし、やめ時がわからなくなる。とはいえ、書けるからと言っていつまでも書き続けることは避けなければならない。

　一方手書きの場合、ついつい記録を溜めてしまうこともある。そんなつもりはなくとも、緊急対応で就業時間を過ぎてしまい、とにかく帰れと言われて書きそびれた記録がきっかけでそのあと延々溜まってしまう、ということもあるかもしれない。しかし、人間の記憶はいい加減なもので、時間がたってから前のことを正確に記録するのは案外至難の業である。しかも記録を溜めているときに限ってそれがばれるもので、「明日書こうと思っていた」時に情報照会の依頼が来たり……、ということもある。言うまでもないことであるが、記録はやはりタイムリーに作成するべきである。

　もう一つ、記録のタイミングという意味で、前述の5150条の書類を例に説明したい。この5150条のトレーニングで悪い例としてよく引き合いに出されるのが、「先週の面接中に自殺を口にした」ことを保護の理由にしているものである。クライアントの発言が先週のものであり、しかも自殺念慮の詳細が記録されていないので、安全確保の必要性がまったくわからない。また、一週間放置していたのが、たまたまだったのか、過失なのか、臨床判断として妥当だったのか、そもそもなぜ一週間前のことを今更記録しているのか等々、疑問をあげればきりがない。思い出したことをやむを得ず記録しているならともかく、気づいた時に書けばいつの話でも書いてよい、というものではもちろんないのである。

❷ 専門家らしい文書作成

　すでに述べたように、専門家が自分の専門領域内で作成したきわめて正式な文書であるという「印象」を与えるためには、そこで使われる表現や用語を十分吟味することが必要である。あいまいなことや憶測は極力書かず、どこまでが事実として確定していることで、どこからが自身の所見であるかが明確に区別できるような記録を作成することが必要である。援助職が扱う課題はともすればよもやま話的、噂話のようになってしまいがちである。興味本位の面白おかしい文章では、読み物としてはおもしろくとも専門家の活動記録としては不適切であり、ひいてはその専門家自身が提供したサービスの質まで疑われてしまうことを十分肝に銘じて言葉を選びたい。

❸ 真摯な姿勢

　これだけいろいろと注意する点があると、すべてに常に100％でいることは不可能である。当然、間違えて文字に残すことも出てくる。そういったときにぜひ気を付けていただきたいのが、誤りや失敗を率直に受け止め、真摯な姿勢で修正なり必要な手段を講じることの重要性である。「信頼してください」と言ったからといって信頼を得られないことは、援助職が残す記録に限ったことではない。間違えたことに対しての賠償責任は発生するかもしれないが、それを改ざんすると援助職の仕事すべてに対しての信頼が失われてしまう。そうならないためにも、よいこともよくないことも端的に、直截に記録することが望まれる。

(4) 記録へのアクセス

　記録に関して、作成方法と同じかそれ以上に重要なのがそのアクセスの管理方法である。ここでいうアクセスとは、情報を閲覧したり入手したりすることで、つまり誰がその記録を見ることができるようにするか、ということを指す。昨今個人情報の取り扱いについて法的整備ももちろん進んでいるが、特に罰則規定もないことや個人情報取扱い事業主に該当しない援助職が多いことを考えると、むしろクライアントの信頼性を高めて効果的に支援できるようになるために、アクセスの管理方法を決めることが現実的かつ必要である。

❶ 記録の保管方法を確立する（紙、電子）

　紙媒体にせよ、電子媒体にせよ、情報の流出を防ぐために最善の措置が講じられなければならないことは言うまでもない。

たとえばアメリカでは、障害保険（メディケア）や生活保護に付随する健康保険（メディケイド、メディキャル）を使ってサービスを受けるクライアントのカルテは3重錠で保管されている。カルテが3重錠で保管されていることはもちろん重要だが、そういう手順を踏んで情報を保護しようと努力している、しかもそれが常に遵守されているという事実が重要である。なぜなら、情報流出という事故はどれだけ手を打っても発生しうる。そのような事態になったとき、手順が確立されているという事実がクリニックや病院がサービス提供者として最善の努力を尽くした根拠となりうるからである。

　紙媒体の場合はどのような場所に保管するか。キャビネットなのか、手で持てるサイズのカバンなのか。そのキャビネットなりカバンなりはどこに保管するか。その場所の鍵は誰が使えて、いつ開錠・施錠されるか。開錠・施錠のたびに名前を書くようにするのか。

　電子媒体の場合、ネットワーク上に保存するのか、イントラから外すのか。ネットワーク管理者を誰にするのか、ネットワーク管理者が援助職でない場合、情報をどこまで見られるようにするのか。パスワードなどをどの程度使うのか。データをやり取りする場合のプロトコルをどのように決めるか、すなわちメールでデータを送る場合、本文・添付ファイルそれぞれにどのようなルールを策定するか。挙げ始めるときりがないが、個人情報保護という観点から考えると、特段特殊な手段を講じる必要はない。

　こういったテクニカルな問題に加えて、誰がどの程度情報を見ることができるように設定するかは、紙媒体、電子媒体ともに大きな課題である。たとえば病院やクリニック、カウンセリングセンターの経営者は自分の足元で何が起きているか知りたいと思うのが必定だが、その経営者が援助職でなかった場合どこまで情報を開示するかは極めて繊細な問題である（開示する場合は前もってクライアントに説明し同意を得ておく必要があることは言うまでもない）。またほかの個人情報と違う点として、援助職以外の人間（ネットワーク管理者なども含む）が見てしまったときに、その人にとって非常にショッキングなことが書かれている可能性があるということである。これは電子媒体のほうが紙媒体に比べて影響は大きいだろう。そのため、クライアントの情報を保護するだけでなく、それに触れる人への影響も考慮する必要があるが、ここでは本論の趣旨から外れるため言及するにとどめることとする。

❷ 情報開示の手順を確立する

　品質保証には、商品の品質そのものが一定のレベルに達している、というアウト

プットに対する保証と、その商品が提供されるに至るプロセスに対する保証の２種類がある。専門家がサービスを提供する場合には、それが気まぐれや出たとこ勝負ではなく、経験や専門知識に裏付けされたものであること、さらにそれが常に出せる必要がある。これは情報開示においてもしかりである。

　利用者が情報の開示を要求してきた場合、それにはもちろん応じなければならない。しかし、前もって根回しができていれば、サービス提供者としてその開示方法を選択することは可能である。

　「カルテを見せろ」と怒鳴り込んできたクライアントにその場で直ちに見せなければならないか、あるいは電話で「離婚調停中で、明日までにカウンセリングの記録を出さないと子供の親権があっちに行ってしまうんです」と言われてその日徹夜で報告書を作成しないといけないか、というと、そうとは限らない。そこに書かれている情報自体はクライアントの情報だが、文字として記録に残した段階で、その記録は作成者の所属組織のものである。場合によっては、そこに書かれていることすべてをそのままクライアントに見せることが本人の益にならないと専門家として判断することもありうる。そのため、専門家が知見に基づいて妥当とする情報開示の手順を決定し、それを前もって（再三申し上げるようにこれが重要である）クライアントに説明し、同意を得ていれば、それなりの時間的余裕をもって対応することが可能になるであろう。

　すでにご紹介した、「『ケース記録』開示事件」では、ある程度開示の手順は決まっていたかもしれない。しかしクライアント側のニーズに的確にこたえることができなかったために「もっと、もっと」と開示を迫られることになり、明らかに苦肉の策で対応せざるを得ない状況になってしまったことがうかがえる。この事件は介入する余地が随所にあったが、開示の手順についてもっとプロフェッショナルで洗練された体制があれば、事態は変わっていたかもしれない。

　ここでいうプロフェッショナルで洗練された体制には、次のようなものが含まれる。なお、これらの手順を検討される際は、弁護士等法律の専門家に相談されることを強くお勧めする。

2-1　情報開示請求の手続きを確立する

　誰が情報開示を請求できるか。どのような手段の時にそれを受け付けるか。すなわち、口頭での請求でよいのか、文書による請求のみ受け付けるのか、メールの場合はどう取り扱うか、などを決めておく。また情報の利用目的をできるだけ具体的に聞き取ることができれば大いに参考になる。「『ケース記録』開示事件」の場合、クライア

ントが知りたかったのは、なぜ申請が受け入れられなかったか、であろう。その説明が十分でなかったことが、記録開示請求につながったと思われる。そもそも、ワーカーが書いた家族の「悪口」が申請却下の根拠になったとは考えがたく、いわゆるやぶへびになってしまったのであろう。

2-2 情報開示の手順を確立する

　情報開示請求に対して、どのぐらいのタイムフレームでどのぐらいのものを出すのかを標準化する。たとえば、記録の概要を口頭で伝えるなら数日以内、文書作成であれば1、2週間、全体の開示はさらに長く、というように、準備期間を前もって設定しておく。「単なる時間稼ぎ」とならないようにするためにも、法律の専門家や他の援助職に相談することが必要である。

2-3 これらの手順を文書化し、運用する

　そして何より大事なのが、これらの手順を実際に使うことである。文書化したものをサービス開始に先立ってクライアントに提示し、十分に納得を得たうえで同意してもらう。同意書の一部として、情報公開以外のサービスと同時に文字で同意を得ることが望ましい。そして、これをきちんと運用すること、すなわち、クライアントからの開示請求には毎回等しく対応し、その実績を記録に残すことである。たとえば請求が手順通りに行われなかったために開示に時間がかかったとしても、クライアントの立場からすれば「〇〇さんはすぐに手紙を書いてもらえたらしいのに、どうして私には書いてくれないのか？」となるであろう。そのような場合に的確に対応するためにも、どのような問い合わせがあってそれにどう対応したか、対応にケースごとのばらつきがないか、記録されていることが望まれる。

❸ 裁判所命令への対応

　アメリカ、ことにカリフォルニア州では、援助職の免許の社会的認知度が高いことはすでに述べた。その裏返しで、裁判に巻き込まれることもしばしばである。アメリカの場合は弁護士が裁判所を介して記録開示を求めるsubpoena（召喚状）と、判事自身が情報公開を求めるcourt order（裁判所命令）がある。召喚状は弁護士が請求しているものなので拒否することもできるが、裁判所命令は拒否すれば拘留される。資格試験のひっかけ問題にもよくこの二つが出るが、「召喚状しかないと守秘義務があるので情報開示できないけど、裁判所命令が出てしまえばもう公開するしかない」のである。

いずれにしても、裁判所から情報公開を求められた場合には守秘義務を超えて情報を開示することになる。これは前もってクライアントに明確に伝え、かつ同意を得なければならない。

(5) 裏帳簿を残す危険性

　メモ書きを残すな、とは言わないが、残す以上はメモではなく公式な文書になりうることをまず認識することが必要である。それが付箋紙に書かれたものであれ、あとで清書しようと思っていた走り書きであれ、記録は記録。書いた本人は外向きの表帳簿と自分の備忘録である裏帳簿が別物と思っているかもしれないが、記録を見る側がそう考えてくれるとは限らない。情報開示が請求された場合、メモ書きの存在が発覚した瞬間からその紙切れも開示の対象になってしまう可能性もなくはないのだ。あわててシュレッダーにかけてしまえば、証拠隠滅でさらに立場が悪くなることもありうる。

　という話をすると、研修会の参加者から必ず「全部は覚えていられません」というコメントが出る、あるいは明らかに納得していないという表情になる。では記録に残せないような情報をメモにも残さずどう扱えばよいか。ここで検証すべき点は二つある。まず、公式文書に残したくない、あるいは残せないような情報が本当に援助活動に必須かどうかということである。忘れないようにと思って文字に残したけど実は二度と見なかった、という情報は記録するべきではない。反対に、後から「これは書いておけばよかった」と後悔するような情報は記録しておくべきである。nice to know（知ってて良かった）なことと must know（知っていないといけない）なことを峻別するのは、援助職に限らず専門家に求められる能力である。この must know として残すべき要件は後述する。

　もう一点は、ソーシャルワーカーやカウンセラーは人の話を覚えておくのが仕事ではないということである。援助職の仕事はその時目の前にある情報をもとに的確な判断を下すことで、自前のハードディスクの貯蔵量を増やすことではない。話の詳細を忘れてしまったら、それはそのつどクライアント本人に確認すれば済むことである。問題はあくまでクライアント自身が解決すべきもので、ワーカーやカウンセラーは解決法のエキスパートではあっても当事者ではない。詳細をクライアントに語らせることで、本人が問題の当事者であることを意識させ、解決に向けての自律性を高めることもできるのである。

2. 援助職が準拠すべき行動規範

　話が少し脱線するが、アメリカ時代、"Seinfeld"というテレビ番組にかなりはまっていた。日本でも「となりのサインフェルド」というタイトルで、しばらく放送されていたのでご存知の方もいらっしゃるかもしれない。"The show about nothing"（テーマのない番組）と銘打った、4人の仲間が取るに足りないことについて延々文句を言ったりするsitcom、シチュエーションコメディと呼ばれる30分番組である。

　あるとき主人公のジェリー・サインフェルドは映画館でクリーニング屋の夫婦に出くわす。そこでクリーニング屋の主人は、どう見てもジェリーが洗濯に出していると思われるジャケットを着ている（その横で妻は、クリーニング屋には絶対買えそうにない毛皮のコートを着ている）。ジェリーが主人に、「それ、俺のジャケットだろ？」と詰め寄るが、主人は「そんなことは絶対ない」と否定。押し問答になると主人は、「クリーニング屋の倫理綱領にかけて、預かってる服は着ない！」と捨て台詞を残して去り、ジェリーは「倫理綱領に書いてなかったら商品着るのかよ！」と嘆く。後日、クリーニング屋から引き取ったジャケットをジェリーが着ると、ポケットからその映画の半券が出てくる。「やっぱり！」と悔しがるジェリー、というのがオチである。ちなみに、実際のクリーニング業の倫理綱領に「商品を着ない」などという項目はもちろんない。

　このシーンでは、倫理綱領が専門家と社会に果たす役割のエッセンスが描かれている。それは、両者にとって具体的に専門家の行動の枠組みを示していること、社会に対して直接のサービスに付随する専門職としての姿勢を説明できること、の二つである。

　それと同時に、専門家が大仰に倫理綱領を語る姿を揶揄しているのも事実である。このドラマは90年代に作られていて、倫理綱領がギャグになる、という社会風土が当時のアメリカにすでにあったことが驚きである。深読みすれば、社会は専門家の行動を信用していないし、倫理綱領ではコントロールしきれない、という共通理解が浸透していたということともとれなくはない。

　とはいえ、行政が制定する法律や条例と異なり、専門家集団が自助努力として決定する倫理綱領は、専門家が社会に対して説明責任を果たすうえできわめて重要であることは間違いない。この倫理綱領と、それがさらに日々の業務レベルに落とし込まれた行動規範について、記録作成の観点から簡単に振り返ってみる。

(1) アメリカの状況

　援助職のなかでも、免許制度や専門家協会の活動がわかりやすいソーシャルワーカーを取りあげて解説しよう。アメリカのソーシャルワーカーは、各州で免許が管理されているのに加え、全米ソーシャルワーカー協会が連邦レベルでの品質管理に努めている。全米ソーシャルワーカー協会では倫理綱領を提示するとともに、倫理原理、倫理基準でソーシャルワーカーとしてのあるべき姿を細分化して定義している。

NASW Code of Ethics（全米ソーシャルワーカー協会倫理綱領）

〈倫理基準〉
3. 実務場面におけるソーシャルワーカーの倫理的責任
3.04　クライアントの記録
（a）ソーシャルワーカーは、記録が正確であり、かつ提供されたサービスを反映するために、適正な措置を講じなければならない。
（b）ソーシャルワーカーは、サービス提供を促進するために十分かつタイムリーな記録作成をし、今後クライアントに提供されるサービスに継続性が確保されるようにしなければならない。
（c）ソーシャルワーカーの記録はクライアントのプライバシーを可能かつ適正な限り保護し、サービスの提供に直接関係ある情報に限られなければならない。
（d）ソーシャルワーカーはサービスの終了後も記録を保管し、将来的にアクセスできるようにしなければならない。記録は州法または適用される契約に基づいて一定期間保管されなければならない。

　カウンセラーについては、各州によって免許制度に大きなばらつきがあり、専門家協会の性質もさまざまであるが、その中でカリフォルニア州のマリッジファミリーセラピスト協会の倫理綱領を紹介する。

**CAMFT Code of Ethics
（カリフォルニア州マリッジ・ファミリーセラピスト協会倫理綱領）**

> I 基準
> 1. 患者に対する責任
> 1.15 治療決定の記録
> MFT は幼児虐待・高齢者虐待や自傷他害のような重要な判定が下されたとき、治療計画に大幅な変更があったとき、治療機関が変更になったときなどには、注意深く記録を作成することが推奨される。
>
> 3. 専門家としての能力と高潔
> 3.3 患者の記録
> MFT は臨床的に妥当な業務に合致する患者の記録を、手書きまたは録音、電子データなどいかなる形状においてでも作成し維持しなければならない。

(2) 日本の現状

　日本の援助職については、国家資格、民間認定資格とも、それぞれ団体が所属専門家の職業倫理や専門家として取るべき行動の基準を定めている。ここではそのなかで、記録に関する部分を紹介する。

　社会福祉士の倫理基準と行動規範には、記録の開示について次のような記載がある。

> ### 社会福祉士の倫理綱領
>
> 〈倫理基準〉
> Ⅰ．利用者に対する倫理責任
> 　　9．（記録の開示）
> 　　　ソーシャルワーカーは、利用者から記録の開示の要求があった場合、本人に記録を開示する。
> 〈行動規範〉
> Ⅰ．利用者に対する倫理責任
> 　　9．記録の開示
> 　　　9－1．社会福祉士は、利用者の記録を開示する場合、かならず本人の

了解を得なければならない。
9-3．社会福祉士は、利用者が記録の閲覧を希望した場合、特別な理由なくそれを拒んではならない。

精神保健福祉士の倫理基準には秘密保持の一環として、記録と情報開示について次のとおり記載されている。

社団法人日本精神保健福祉士協会倫理綱領

〈倫理基準〉
1．クライエントに対する責務
（3）プライバシーと秘密保持
a　第三者から情報の開示の要求がある場合、クライエントの同意を得た上で開示する。クライエントに不利益を及ぼす可能性がある時には、クライエントの秘密保持を優先する。
d　クライエントを他機関に紹介する時には、個人情報や記録の提供についてクライエントとの協議を経て決める。
f　クライエントから要求がある時は、クライエントの個人情報を開示する。ただし、記録の中にある第三者の秘密を保護しなければならない。

介護支援専門員の倫理綱領には、記録に関して特に記載はないが、作成した計画を含むサービスに対する説明責任が明記されている。

介護支援専門員　倫理綱領

〈倫理綱領〉
（説明責任）
8．私たち介護支援専門員は、専門職として、介護保険制度の動向及び自己の作成した介護支援計画に基づいて提供された保健・医療・福祉のサービスについて、利用者に適切な方法・わかりやすい表現を用いて、説明する責任を負います。

医療ソーシャルワーカーの倫理綱領では、記録の開示などが示され、業務指針では記録作成についても言及がある。

医療ソーシャルワーカー倫理綱領

〈倫理基準〉
Ⅰ．利用者に対する倫理責任
9．（記録の開示）
ソーシャルワーカーは、利用者から記録の開示の要求があった場合、本人に記録を開示する。

医療ソーシャルワーカー業務指針

〈業務指針〉
三　業務の方法等
（7）記録の作成等
　①問題点を明確にし、専門的援助を行うために患者ごとに記録を作成すること。
　②記録をもとに医師等への報告、連絡を行うとともに、必要に応じ、在宅ケア、社会復帰の支援等のため、地域の関係機関、関係職種等への情報提供を行うこと。その場合、（3）で述べたとおり、プライバシーの保護に十分留意する必要がある。
　③記録をもとに、業務分析、業務評価を行うこと。

臨床心理士の倫理綱領では、情報開示に加え、記録の内容や保管する年限についても言及している。

一般社団法人日本臨床心理士会倫理綱領

〈倫理綱領〉
第2条 秘密保持

> 2 情報開示
> 　個人情報及び相談内容は対象者の同意なしで他者に開示してはならないが、開示せざるを得ない場合については、その条件等を事前に対象者と話し合うよう努めなければならない。また、個人情報及び相談内容が不用意に漏洩されることのないよう、記録の管理保管には最大限の注意を払うこと。
>
> **第4条 インフォームド・コンセント**
> 5 対象者から、面接の経過及び心理査定結果等の情報開示を求められた場合には、原則としてそれに応じる。
> 6 面接等の業務内容については、その内容を客観的かつ正確に記録しておかなければならない。この記録等については、原則として、対象者との面接等の最終日から5年間保存しておく。

　日本産業カウンセラー協会の行動規範では、記録の内容、保管年限について次のように規定している。

> **産業カウンセラー倫理綱領**
>
> **第2編　行動規範**
> **第2章　産業カウンセラーの行動倫理**
> （面接記録とその保管）
> 第12条　産業カウンセラーは、カウンセリングにあたり、最良のサービスを提供してクライエントをケアするために、カウンセラーとしての評価・所感とは別に、面接記録を作らなければならない。
> 2　面接記録は、必要な時にはいつでも取り出せる方法により、3年間は厳重に保管する。また、記録を電子媒体に保管する場合は記録へのアクセス権の管理に特段の措置を講じる。

　ここにあげたものは、それぞれの援助職が記録に期待する姿ともいえる。今後、職能の壁を越えて社会の要請にこたえうる記録の姿が形作られていくことを期待するばかりである。

3. Standard of Care（標準治療）と賠償責任

（1）Standard of Careとは

　ここまで見てきた倫理綱領は、サービスがどのように提供されるべきかを明文化したものであった。それでは肝心のサービスそのものは、どのようなものが提供されることが望まれているのだろうか。

　医療の世界では、Standard of Care、標準治療という概念が一般的である。標準治療とは、医学において専門家が適切であると認め広く使用されている治療法のことをいう。その効果は科学的根拠に基づいて検証されており、ガイドラインが示されるものである。この Standard of Care はアメリカでは心理学の領域にも浸透している。

　すでに述べたように、アメリカでは、精神科医と心理学者、ソーシャルワーカー、カウンセラーの業務内容がかなり似通ったところがある。これは、いずれの職も開業してサイコセラピーをすることが認められているためである。大きな違いは、精神科医は薬を処方できるが他の免許ではそれができない（これも変わりつつある）、という点と、州によっては心理学者以外は心理判定ができないという点である。しかし、心理的支援においては、基本的にはこの四者の誰にかかっても同じようなサービスを得ることが、本人からも社会的にも期待されている。結果として、精神科医に Standard of Care があるように、心理学者やソーシャルワーカー、カウンセラーにも Standard of Care という概念が要求されるようになったのは必然ともいえる。

　Standard of Care を考える際に気を付けなければいけないのは、「平均治療」ではない、ということである。これはその専門職として期待されているレベルのサービスが提供されたかどうかを検証する際に用いられる法律的発想である。専門職とはいえ、そのスキルにおいては万事と同じように正規分布しているわけであるから、平均を取ったのでは少なくとも半分の専門職がそのレベルに達しないことになってしまう。そのため、標準治療はあくまで、同じコミュニティ内において、同等の教育を受けて同様の経験を有するごく普通の分別ある専門家が、同じような状況において分別をもって実施するであろう治療のことを指している。

　つまり、対人援助においては、自分の所属する地域でごく普通に期待されるであろう、担当者が代わっても大体提供されるであろう、ソーシャルワーカーなり、カウンセラーなりのサービスが Standard of Care なのである。

　Standard of Care の概念が適用された例はコラム03、04で紹介している。

(2) 援助職の負う賠償責任

　Standard of Care が提供されなかった結果、利用者に不利益が発生すると過誤、マルプラクティスとなり、その損害に対して、その賠償責任が生じる。ではソーシャルワーカーやカウンセラーにはどのような賠償責任が生じうるだろうか。本論は法律の専門書ではもちろんないので、あくまで援助職従事者が業務を進めるうえで役に立つ理解を深める、という文脈で少し解説したい。

　民法上の損害賠償は大きく分けて、不法行為に基づく損害賠償と債務不履行による損害賠償がある。前者については、「故意又は過失によって、他人の権利又は法律上保護される利益を侵害した者は、これによって生じた損害を賠償する責任を負う」(民法709条)とされている。援助職が業務上、不法行為で損害賠償を請求される、つまり他人に被害を与えてその補償を求められるケースはごく稀なことと思われる。

　後者については、「債務者がその債務の本旨に従った履行をしないときは、債権者は、これによって生じた損害の賠償を請求することができる」(民法415条)とされている。基本的に、援助職がクライアントに対してサービスを提供する場合、そのベースとなるのは支援者と利用者の間に取り交わされる準委任契約である(実際には準委任契約という契約を結ぶことは稀で、相手が法人の場合には業務委託契約が結ばれることが多い)。準委任とは法律行為以外の事務的・サービス的なことを人にやってもらうことで、治療行為や支援行為は準委任の一つとされている。

　仕事を任せる側を委任者と言い、引き受ける側を受任者と言うが、受任者が負うべき義務は、引き受けた業務を善良なる管理者の注意をもって実施することである。これを略して「善管注意義務」という。(このほかに委任者への報告義務や委任者に代わって預かったものがあればそれを委任者に引き渡す義務などがある)。善管注意義務は業務の種類や内容によって異なるが、援助職が専門家として業務を引き受けたのであれば、一般人が払う注意のレベルではなく、一定のスキル経験を前提とした専門家としてのレベルが要求される。準委任は、結果(病気の治癒、命の保証、目的の達成など)を約束するものではなく、そのために専門家が必要と考える行為を行うことを約束する契約なので、結果がうまくいかなくても債務不履行になるわけではない。結果がうまくいかなかったときに問われるのは、「善管注意義務」をもって委任された業務を行ったかどうかである。

　アメリカでは援助職の専門性が確立しており、カウンセラーやソーシャルワーカー他専門職に求められる Standard of Care が定義されるに足る判例もすでにあるので、これを満たさない場合には債務不履行となる。日本の現状はここまでは至っていない

が、今後援助職の専門性が成熟するにつれ、アメリカと同様の社会的責任が発生する可能性は否めない。

　また最近の傾向として、契約上の付随義務として問題にされるようになっているのが、説明義務（説明責任）と安全配慮義務である。説明責任は一般の消費者と専門の業者の間にある情報量の差が大きくなったことからでてきたものであり、医療における「インフォームドコンセント」や不動産取引における「重要事項説明書」、金融商品取引における「確認書」などがその例である。援助職もサービス内容やその限界についてきちんと説明し利用者の理解を得る努力が求められている。利用開始の際に「同意書」を交わすことは徐々に普及しつつあるように思う。

　安全配慮義務は一定の法律関係にある当事者の片方が相手方の安全に配慮する義務のことで、典型的なものは労働者に対する雇用者の安全配慮義務である。援助職の場合もクライアントと援助職の間には準委任の関係があるので、特に自傷他害などの恐れがある場合、専門家としての十分な配慮と対応が求められるのは当然である。

　最後に、時効と立証責任について簡単に触れておくと、不法行為に基づく損害賠償請求権の消滅時効が3年であるのに対し、債務不履行の場合は時効が10年になっている。債務不履行の場合は履行すべき債務を履行したことを立証するのは債務者（サービスを提供した側）が負うことになるので、いつどのようなサービスを行ったか、向こう10年は必要になる可能性を念頭に記録をきちんと残しておくことが重要である。

COLUMN 03

セックスはセラピーではない

　この事件では、ソーシャルワーカーの行為が米国ソーシャルワーカー協会の倫理綱領に抵触し、Standard of Care が提供されなかったと判断された。彼の雇用主であった行政やヘルスセンターの責任も問われた事件である。

〈事件の概要〉
　ニュージャージー州サマセット郡のリチャードホールヘルスセンターに勤めるソーシャルワーカーのデイビッド・ローレンスは、1978年から1983年まで、女性クライアントAにセラピーを提供していた。1982年3月、Aが"うつの危機"にあって自殺傾向がみられるようになったため、ローレンスは彼女をリラックスさせる方法として、彼女と性交渉に及んだ。性交渉はその後、自宅や職場、公園で複数回、一年以上にわたり、セラピーの終了まで繰り返されたという。

〈その後〉
　1987年、ニュージャージー州上位裁判所は、ローレンスがAと性的関係を持ったことはリチャードホールヘルスセンターの就業規則に違反しているだけでなく、米国ソーシャルワーカー協会の倫理綱領に抵触するとした。ローレンスは当初、性交渉はあくまで正当なセラピーの一環であり、Aと性的関係を持つことが目的ではなかったと主張した。しかし彼自身も公判の経過で、性的関係を持ったことは不適切な行動で、セラピーの一環だったとは言えないと認めるに至った。
　Aとその夫は、ソーシャルワーカーと雇用主であるサマセット郡、並びにリチャードホールヘルスセンターに対し、監督責任不行き届きによる損害賠償請求を起こしている。

COLUMN 04

「納屋を燃やすのもありだ」

　この事件では、タラソフ判決が拡大適用されている。クライアントが第三者に危害を加えると表明した場合、それがどの程度達成されうるのか判断し、また達成された場合にその第三者（ここでは人物だけでなく所有物も含まれる）を守るという役割をメンタルヘルスの専門家に課している。

〈事件の概要〉

　1979年6月、29歳の男性クライアントBは同居していた父親と口論になった。父親に入院しろと言われ、Bは家を飛び出して当時外来患者として通っていたバーモント州アディソン郡カウンセリングサービスを訪れた。担当カウンセラーと複数回やりとりする中で、Bから父親に対する怒りが語られ、「仕返ししたい」「あいつの納屋を燃やすのもありだ」という発言があった。しかし納屋を燃やさないとBが口頭で約束したので、カウンセラーは同僚にも父親にも報告しなかった。その翌日、Bは父親の納屋を全焼させた。

〈その後〉

　1985年、バーモント州最高裁判所はメンタルヘルスの専門家に対し、特定される被害者を深刻な危険から守るために「相当な注意を払う」義務があるとした。特定の精神病患者が自身あるいは第三者にとって危険であるかどうかを予測することは極めて困難であるが、人間の行動を的確に予測することはメンタルヘルス専門家のStandard of Careであり、B本人の言質にのみ頼ったカウンセラーはそれを怠っていたと判断したのである。

　また本件では、警告（あるいは保護）を必要とする攻撃対象が人物だけではなく所有物（納屋）にまで及ぶ、という前例が生まれた。

第4節

記録の果たす役割

　記録を書く、という作業は、多くの援助者にとって面倒な作業である。クライアントの対応に追われ、時には勤務時間ぎりぎりまで面接を延長し、そのあと上司や医者に報告して対応を相談していたらすでに退勤時間はとうに過ぎているのに、残業するなとプレッシャーをかけられる。立て込んだ面接時間の合間を縫って関係者に電話しても全然捕まらず、延々伝言を残すばかり。こんな状況では、記録を書くのはついつい後回しになってしまうであろう。しかし、記録を作成するのは実は、われわれの頭の中で考えていることに句読点を打つような、思考プロセスをまとめる作業である。文章にしようとすることで、それまで漠然と考えていたことが整理できる。また、文字にすることで自分の言動や判断を客観視することができるようになるのである。

　他業種のチームの中で援助職が記録を作成するということを考えると、われわれの専門性や業務範囲と連動した情報を盛り込む必要性は明らかであろう。ここでは、問題を把握して介入方法を決定し（アセスメントと支援計画）、実際にサービスを提供し（サービスの提供）、やりっぱなしではなくその継続性を他機関を含めて確認する（サービスの継続性と調整）。さらに独断ではなく上司なりの指示を仰ぎ（スーパービジョン）、かつ介入の妥当性と効果をクライアント自身を含めて振り返る（サービス評価、関係者への説明責任）という枠組みで記録の役割を振り返る。これは、個別援助の枠組み、特にケースワークのフレームに沿って行うものである。

1. アセスメントと支援計画

　クライアントそれぞれに対して提供する支援に必然性があることを実証するためには、そういうサービスを提供すると判断した根拠を示さなければならない。その根拠となるのが、適正な支援計画とそれを裏付けるアセスメントである。

記録のワークショップをやらせていただいてとても頻繁に出くわすのが、援助職の方全般に、支援計画を言語化することには慣れておられるのに、それを支えるアセスメントをロジカルに説明するのが苦手、という現象である。支援計画については、特に福祉職の場合は職務の性質上、オーダーを出すという作業に慣れておられて、「なぜ」とか「それ以外にどんな可能性があるか」「それ以外の選択肢をなぜ取らなかったか」ということを考える、あるいはそれを文字化する、ということが端折られているかもしれない。あるいは心理職の場合は、本人の成育歴を書き始めるときりがないし、文字にするまでもないことも多いと思われて、どの部分に焦点を当てればよいかわかりにくいのかもしれない。

　たとえば、80歳、認知症で夫に先立たれた女性への支援を考えた場合、本人への物理的な介護の調整と家族への心理教育と心理的サポート、の二点が支援の中心になると思われる。一方で85歳、認知機能はしっかりしているが転んで骨折したのをきっかけに寝たきりになってしまった男性への支援計画は、これまた本人への物理的介護と家族への心理教育を提供することになるだろう。

　また、同じように40歳でエイズを発症したゲイの男性クライアントが二人いるとする。一人は20代からゲイとして生活し、友人などのソーシャルサポートが充実している。HIVには10年以上前に性交渉で感染したが、ずっと治療を受けていたのでエイズの発症を遅らせることができたという事例。もう一人は、ずっとゲイであることを隠し、HIV検査もまったく受けずにいたが、最近になって著しく体調が悪くなり、病院に行くとエイズと診断されたという事例。こちらはソーシャルサポートもなく、年老いた両親にゲイであること、エイズであることを伝えなければならない、という状況だとする。これらの事例への支援計画は大きく異なることが想像できるだろう。なぜなら、一人目はすでに治療関係者のネットワークができており、既存資源を調整することで本人に十分なケアが提供されることが想定される。一方、二人目は治療のネットワーク作りもこれから、社会資源も脆弱で、何よりも精神的な支えとして援助職が積極的に介入することが望まれるからだ。

　支援計画だけ見れば、本人たちの問題の性質にかかわらず対応は同じだったり、一見同じような問題でも全然違う介入を提示したりする。すると、他業種や監査の目には「どんなケース持って行っても、いつも同じような支援計画を出して」あるいは「ケアにこんなに個人差があって、行き当たりばったりかえこひいきじゃないのか」と映りかねない。そうすると、支援計画の信頼性はなくなって「誰にでも書ける」となり、援助職の必要性が薄れてしまうことにもつながるのである。

　そうならないためには、援助職ならではの視点で状況を把握し、それを他業種とも

共有できるように言語化し、そのアセスメントに基づいて支援計画を立てることが必要になる。さらに言えば、仮に全然性質の違う問題に対する支援計画そのものが同じであったとしても、十分に問題が検証された結果それぞれの最善の介入方法がたまたま同じであれば、それは専門職としての判断として妥当だと説明することができるだろう。当然のことながら、これらのプロセスは記録して文字化することによってはじめて形になる。

　ここでいう「援助職ならではの」視点で状況を把握するアセスメントの方法論については、後ほど述べることとする。

2. サービスの提供

　サービスそのものの提供についても、その状況を伝えるツールとして記録の役割はとても重要である。冒頭で述べたように、対人サービスは形の残るものではないので、数年経ってからはもちろんのこと、しばらくすればやったかやらなかったのかもわからなくなってしまいかねない。

　車やＰＣを修理に出せば、その修理屋が直してくれたか、ちっともよくならずに突き返されたか、忘れる人はそうそういない。車やＰＣの修理屋さんの専門性は利用者との間で十分共有化されているし、そもそもの問題を利用者が十分認識しているのでベースラインも明白で、サービスに対しての期待値もきわめて明確だからだ。かたや援助職のサービスの専門性は概して、それを受ける人には伝わりにくいものである。コミュニケーションや心理的な問題をそもそも問題と本人がとらえていないことも多く、何がどうなれば良くなるか、共有化することがなかなか難しい。そうすると、われわれが支援を提供しても、ベースラインが不明であれば問題が改善したかどうか把握することはほぼ不可能で、単に親切な人、話を聞いてくれた人、地域の電話帳が頭に入っている人、食べ物や仕事がもらえるように手配してくれた人、という印象しかクライアントには残らないかもしれない。あえてクライアントに「わたしの仕事は単なるおせっかい焼き、噂話好きの野次馬ではありません」といちいち説明することはむしろ、信頼関係を築くのにマイナスになってしまうだろう。しかし、だからこそわれわれの介入が専門家としての知見に裏付けられた、でたらめではないサービスであることを記録しておくことが必要である。

3. サービスの継続性と調整

　業務がオーバーラップすることが多い援助職のなかで、コーディネーションはソーシャルワーカーの独自性と考えられる。利用者へのサービスが途切れることなく提供される、というのは、ケースワークの基本だからである。しかし、冒頭で紹介したサンフランシスコの職場では、カウンセラーや心理学者の同僚たちも何ら差なく地域資源と連携していた。クリニック内で同僚や他の専門職と連絡を取り合っていたこともちろんである。これは、調整や連携がケースワークの枠を超えて援助職に必要とされている裏返しといえよう。援助者が個人プレーで支援を提供していた時代であればともかく、現代は複数の専門職が一人の利用者にかかわっていることが当たり前である。それぞれの専門家が自分の領域のサービスデリバリーを十分に遂行していると実証するためには、他の専門家の領域との間にオーバーラップやギャップがないことを確認しなければならない。

　たとえば、あるクライアントに医療介入が必要と判断され、ある病院を紹介したとする。その病院がいっぱいで、数週間予約待ちすることになってしまった場合、それをただ待つようにクライアントに勧めればよいかというと、この情報だけでは否である。なぜなら、医療介入を必要と判断したのだから、このまま待たせることはケアが数週間提供されないことを認めてしまったことになり、そもそもの判断とかみ合わなくなってしまうからだ。仮に、もともとの医療介入が急を要しない事情で、かつリファー先の医師も待たせることをＯＫと判断し、さらにすでに主治医がいたとして、この数週間の待機時間にフォローを提供することに合意していたとすれば、ベストではないがやむを得ない状況と第三者に判断される可能性は高くなる。当然のことながら、この判断過程と、リファー先のお墨付き、もしもの場合の緊急プランについては記録に残っていなければ、やらなかったも同然である。

　また、リファーした際に「紹介しっぱなし」にしない、というのも、リファーを必要とした判断の妥当性を高めるために重要だ。

　たとえば、抱え込む性格が災いして抑うつ状態になり、出勤できなくなったクライアントをカウンセリングにリファーしたとする。たまたまクライアントがカウンセラーのアプローチを気に入って、仕事に出られないことをそっちのけで親との確執について延々カウンセリングの時間を当てたとする。どんなにカウンセリングをやってもそれが出勤につながらないのであれば、クライアントを送り込んだ会社からクレームが出るだろうし、クライアントが問題解決する機会を逸してしまうことにもなりか

ねない。カウンセラーにリファーした際の情報共有が十分でなかった、と言ってしまえばそれまでだが、クライアントもカウンセラーも人間なので、多少の方向転換は大いにあり得る。それを軌道修正させるよう確認を怠ったのは、発注した方である。

さらに言えば、この確認と軌道修正は、援助職自身がサービスを提供している場合にも必要である。これらの確認作業は文書化されて初めて、実施されたということができる。

4.スーパービジョン

援助職の間で実践の度合いが大きく分かれるものの一つがスーパービジョンであろう。臨床心理士の場合、スーパービジョンを受けている人は多いが、ソーシャルワーカーのスーパービジョンはあまり活用されていないように思われる。

スーパービジョンと言うと、高名な先生に教えを乞うというイメージが強いかもしれない。しかし本来のスーパービジョンは、それを受けるスーパーバイジーが成長するために論理的思考を身につける機会であり、あくまでやりとりは双方向である。特定の技法やアプローチを一方的に「伝授」するのではなく、スーパーバイジーが提示する問題についてスーパーバイザーが整理し、スーパーバイジーが所見やアクションプランを明確にできるようリードする。援助職が対峙する問題は二つとして同じものはないので、単にやり方を覚えても次の事案に対処するときに実際そのまま使えることはほとんどない。論理的思考と判断力を持って前例や経験を目の前の事例にどう生かすか、という能力が求められ、スーパービジョンはその教育のツールなのである。

アメリカの場合は、スーパービジョンの重要性とスーパーバイザーに課される責任範囲は極めて明確になっている。まず資格試験を受験するためには一定時間数以上のスーパービジョンを受けていなければならない。その際のスーパーバイザーは該当する資格と一定の経験を有していることが必要である。資格を持たないカウンセラーやソーシャルワーカーが直接対人援助をする場合は、かならず有資格者であるスーパーバイザーの指示を仰ぎながら進めることになっている。それは、資格のない援助者が独断でサービスを提供することがないようにするのと同時に、スーパーバイザーが自分の資格を持ってスーパーバイジーのサービスを保証するためである。

それに伴ってスーパーバイザーには vicarious liability（代位責任）が発生する。これは、スーパービジョンを受けているスーパーバイジーの提供するサービスすべてに対して責任が発生する、というものである。たとえば１週間に１時間のスーパービ

ジョンが行われた場合、すべてのケースについて事細かにフォローすることは不可能に近い。しかし、いったんスーパーバイザーになると、仮に報告を受けていないケースであっても、スーパーバイジーが提供するすべてのサービスの責任を負うことになる。

　記録においては、援助者が自分よりも経験の多いスーパーバイザーに確認しながら問題を把握し、介入した、というプロセスを残すことが重要であり、危機介入や安全確保、情報開示といった複雑な判断と対応を必要とされる場合においては、その必要性が高くなる。

5. サービス評価

　援助活動において、そのサービスがどの程度問題の解決に役立っているか、客観的にも主観的にも評価することは非常に重要である。クライアントの問題も、それを取り巻く環境も常に変化している。一時的に解決に役立ったアプローチも、しばらくすればあまり効果がなくなっているかもしれない。また、本人にとってはそれなりに満足できるサービスでも、周囲にはあまりメリットが感じられないことや、その逆もありうるだろう。

　たとえば、うつが原因の不眠から遅刻が続く従業員がカウンセリングを受けて「すっきりした」とする。でも不眠が解消されなければ十分な問題解決になったとは言えない。あるいは、ＤＶの加害者である夫が暴力をコントロールするワークショップに参加して、妻を殴ることがなくなったとする。家族にすれば家庭生活が平和になったかもしれないが、夫はそもそも妻を殴るに至った原因についてきちんと向き合う機会をなくしてしまっているかもしれない。

　すべての視点から問題解決をすることは難しいが、誰のどの課題をどのように変えるためにかかわっているか、常に明確にしながら振り返ることは極めて重要である。またそのような評価を通して、提供しているサービスが援助者の自己満足ではなく有意であるということを、クライアント自身、あるいはチームの他のメンバーらに効果的に訴えることができるようになる。

　ここでいう評価は、クライアント自身の主観的な評価と、援助者自身を含む、そのクライアントの変化を客観的に見ている関係者の評価の二つを指している。援助活動がクライアントの自律性を高め、本来持っている問題解決能力を発揮できるよう後押しすることを目指している以上、クライアント自身の主観的な評価は非常に重要であ

る。それと同時に、客観的評価をクライアントにフィードバックすることで、問題解決と社会機能の改善を達成することが可能になる。

適正な評価に基づいたサービスの妥当性を記録に残すことで、継続的にサービスを提供することの必要性を言明することができるのである。

6．クライアント、所属機関、他のサービス提供者、裁判所、監査機関への説明責任

援助職がサービスを提供するにあたって、それが自己満足ではないことを説明する必要性はすでに述べた。では、その説明する相手とはだれを想定すればよいだろうか。

記録に関するワークショップを実施させていただくなかで、この数年で変化した点として「誰のために記録を書いているか」という意識であることは前述したとおりである。これは、援助職が提供するサービスが社会の仕組みに組み込まれているという視点からすると、非常に大きな変化と言わなければならない。

たとえば、インチキの占い師を思い浮かべていただきたい。その占い師が仮に「当たる」という評判だとして、自分に関する占いが大外れに外れたとする。その際、クレームをつけたとしても占い師はそれこそ、「当たるも八卦、当たらぬも八卦」と逃げおおせられる。かなりの金銭的ダメージを被って、その損害賠償請求を起こしたとしても、損失を回収することはかなり難しいだろう。それは、占い師（ことにインチキ占い師）が社会のシステムには組み込まれておらず、あくまで使う側が自分のリスクの範囲内で使うと了解している、と社会通念的に認められているからである（なかには損害に対する賠償責任を負わない、という一筆なりを取る周到な占い師もいるかもしれないが）。その代り、占い師という仕事には社会的保障がなく、客が来る限りは言い値で商売できるだろうが、待遇改善を訴えるすべは（私の知る限りでは日本には）ない。本人に対して損害賠償責任を負わないのだから、第三者に対しての説明責任を負わないこともしかりである。

このような業種と比べると当然のことながら、国家資格、あるいは専門団体の認定である援助職はその専門性を多職種に認められてきており、当然それに伴う説明責任が発生するようになってきている。

専門家としての業務やサービスについての説明をする必要があるのは、その受給者であるクライアントはもちろんのこと、場合によってはその家族や代弁者である弁護士などに対してである。専門家としての判断がクライアント自身にとっても公明正大

であるのと同様、その人を擁護する立場の人にも明確に伝えられるものであることが必要である。

　また、援助職自身の所属する機関、上司に対しても業務内容についての説明ができなければならない。何か損失が発生した場合の最終責任は、一援助職ではなく所属機関や責任者が負うことになるからである。逆に言えば、所属機関や上司、スーパーバイザーは、各援助者がどのように業務をこなしているか、その説明をタイムリーに受け、十分に現状把握していることが望まれる。

　またチームで対応している場合、それが同一の機関内であれ、地域の他の機関であれ、お互いに十分な情報共有化が図られ、どこで何が起きているか、理解に大きな齟齬がないようにしておかなければならない。前もって役割分担と責任範囲を明確にしたうえで、それに沿ってそれぞれが任務を遂行しているかどうか、折に触れてチェックすることが必要である。

　また昨今では、さまざまな事件が発生した際、その関係者が支援サービスの利用者であることがマスコミでも取りざたされることがずいぶん多くなっている。冒頭で紹介した例のように、援助職のサービスが直接の訴訟の事案になっている場合を除いて、いきなり援助職の記録が裁判の証拠として押収される、あるいはその判断を左右するような形で開示される、ということはあまりないかもしれない。しかし、近い将来、そのような事態にならないという保証はない。アメリカではタラソフ事件をきっかけに、援助職の説明責任の範囲が大きく転換したのはすでに述べたとおりである。アジアでも、香港などでは家族を巻き込む事件が発生して、援助職に求められる責任が欧米並みになっていることをかんがみれば、準備しておくことは決して取り越し苦労ではない。

　また多職種から認められるようになったということは、援助職に対しても監査の目が厳しくなることでもある。援助職の資格・認定制度を巡っては、今後大きな動きが想定されるが、その説明責任が軽減するとは考えがたい。業種が成熟すればするほど、社会からの期待や果たすべき責任は増すものだからである。

　援助職が効率的に的確な記録を作成すれば、これらの説明責任を果たすことは決して難しくはない。

　ここまで、ケースワークのフレームに沿って、それぞれの段階で記録が果たす役割を見てきた。通常、記録は面接の終了時に追い立てられるように書く、あくまで付け足しのような存在にとらえられることが多いかもしれないが、実は援助職の業務を体系的にとらえるうえできわめて有効なツールであることがおわかりいただけたと思う。

次章からは、どうすればこのような役割を果たす記録を作成できるか、そのテクニックを具体的に紹介していく。

第2章

記録に
必要とされる要素

第 1 節
名文家は
良い援助職にはなれない

　援助職は言葉を扱う専門家である。アメリカでカウンセリングをやっていました、と言うと、「英語でカウンセリングするのは大変でしょう」とよく言われる。確かに、その時その時に最適な言葉を選んで関係を構築していく、その過程はある意味アートと言えるし、それを外国語でやることは至難の業ではある。ただここで注意しなければならないのは、正確に言語化することと、流麗な文章表現をすることは別ということである。こと文字化して記録に残す、という作業を考えると、うまい文章を書く必要はまったくないのである。文学作品のような文章は読んで楽しいかもしれないが、読み手に独自に想像させる余地を残していては、正確かつ客観的な記録とは言い難い。一方、電化製品のマニュアルのような文章は、味もそっけもない代わりに、誤解させないことを最優先して書かれている（とはいえそれで実際その製品が動かせるかは別問題であるが）。多業種でチームアプローチをする際には、それぞれの記録を共有化する必要も出てくる。チームメンバー全員に理解される記録を書くのは、場合によっては外国語でカウンセリングをするよりも至難の業かもしれない。ここではチームメンバーとして適切かつ効果的な記録に必要な要素を検証する。
　たとえば、同じように不眠による遅刻で医療リファーを必要とするクライアントが二人いるとしよう。一人はもともとまじめで仕事も良くでき、周囲の信頼も厚いタイプだが、担当したプロジェクトで失敗したことをきっかけに眠れなくなってしまったというケース。もう一人は、上司にとにかくカウンセラーに会えと言われて不承不承面接に来たクライアントで、仕事はできると評判だが、酒癖が悪く月曜日の遅刻が続いたにもかかわらず、本人は「豪胆」としか思っていないというケース。医療リファーの際の申し送り事項は場合によっては二人とも、「48歳男性、既婚、管理職。不眠による遅刻が続いたので医療介入を要する。仕事上の評価は元来優秀である」となるかもしれない。診断名も場合によっては同じかもしれない。しかし、援助職が持つ「印象」さらに言えば「臨床像」は大いに異なるはずである。その印象を文字化するため

に有効なのが、MSE（Mental Status Exam、メンタルステータスエグザム）である。

　本論を進める前に、印象を文字化する、という作業を考えてみよう。プロセスをわかりやすくするために、まずこの二人が自分の上司だとして友達に愚痴をこぼす、あるいはレストランで隣のテーブルのＯＬさんたちが上司の文句を言っている、という場面を想定する。こういうときは、事実関係もさることながら、印象や感想、見解を相手に伝えようとするものである。たとえば前者は「悪い人じゃないんだけどさー、仕事はちゃんとするんだけど、でも融通利かないんだよね。だいたい仕事なんだから、ちょっとぐらい失敗したっていいじゃん、でもチビで冴えない渡辺謙ていうか、なんだか背負い込んじゃってるんだよねー。最近眠れないらしくてクマすごいし、小汚いんだよ。気の毒なんだけどね」。また後者は「あいつほんと感じ悪くて、飲み会でもすぐ触ってくるし、サイテー。でも『俺様』だし、イケてると思ってるの見え見えで、ちょーうざい。佐藤浩一きどりだけどシーサーだよね、あれ。休み明けさんざん遅刻しといて、『眠れないんです』とか部長に言ったらしいよ、どう見ても二日酔いなのに。全然反省してないし、すぐキレるし、あんなやつクビにしちゃえばいいのに」といったところか。いかがだろう、会ったことのない二人が、目の前に現れたような気がしないだろうか。前者は見るからにシリアスな風貌で小柄でまじめ、優秀なだけでなく仕事に極めて一生懸命で周囲から好感をもたれている。おそらく渡辺謙氏の演ずる役のように朴訥で、セルフケアがおろそかになっていてもそれをついつい気の毒に思われてしまうような、そんな人柄が想像できる。一方後者は、シーサーと言われるぐらいだからがっしりしていて顔立ちがはっきりしており、佐藤浩一氏の役のようにはいかないがおしゃれに気を使っていて、本人としては苦み走った笑顔で押し出しが強いセクハラ常習犯。酒癖も悪く、他罰的で周囲からは煙たがられている様子で、仕事が本当にできるかどうかも怪しい。もちろん、渡辺謙氏や佐藤浩一氏の人柄は存じ上げないので、あくまでこれはイメージの話である。

　この、「会ったこともない人が、目の前に現れたような気がする」ような描写が、「スナップ写真を撮るような」描写なのだが、上の例のような文言をそのまま文字に残すのははなはだ好ましくない。主観的な印象や見解が羅列されているがその根拠がわからないこと、用語の選択が公式の文書としては不適切なことがその理由である。

　ここでひとつ強調しておきたいのが、「人間は極めて精巧なセンサーである」ということだ。電車やバスの中で、隣に座った人が「ヤバい」と思うとき、そこには何らかの理由がある。座った瞬間の距離感なのか、体臭なのか、服装なのか、目つきなのか、ぶつぶつ独り言を言っているのか。われわれの五感が情報を収集した上で異常を察知し、「ヤバい」という結論に至るのである。上の例に出てきた辛口のＯＬさんも、

実は単に感想を述べているわけではない。彼女の受けた印象には、必ず根拠があるのだ。アイコンタクトの取り方、話しぶり、声の大きさ、距離の取り方、姿勢、その他もろもろの情報を分析した結果から導き出された印象の部分を語っているのだ。

　印象は概して極めて主観的であり、共有化が難しく、ベースラインとはしがたい。そこで主観的印象の根拠になった客観的事実を明確に示す能力が、専門家には求められる。この「印象の根拠」を文字にして可視化するフレームとして、MSEを紹介したい。また、このなかでは専門家として望ましい表現についても言及する。

第 2 節

面談中の情報を記録する

1. MSE（Mental Status Exam、メンタルステータスエグザム）を使って情報を可視化する

　専門家に求められる能力の一つに、他の専門家と協働できることがある。援助職に関していえば、医療スタッフや場合によっては法律家などとチームとして支援できるスキルが求められる。その際には援助職としての見解が明確に共有化できることが必要である。ここでは一つのフォーマットとして、MSE（Mental Status Exam、メンタルステータスエグザム）を紹介する。

　もし援助職が介入するテーマがケガや高血圧、あるいはウェイトコントロールであれば、他の専門家との情報の共有化はかなり単純明快である。ケガならば写真や傷口の大きさを数字で表す、高血圧なら血圧の変動を数値化する、ウェイトコントロールなら体重計やメジャー、写真、今どきであれば３Ｄのカメラを使って数値なりイメージなりを残すことをすれば、本人に会わなくても状況が明確に伝達できるし、別の専門家に意見を求めてもかなり正確な所見が期待できる。また、治療なり介入を始めてしばらくして、それが効果があったかどうか検証する際も、ベースラインがはっきりしているので現状と簡単に比較できる。目で見えることはそれだけ情報量が多く、客観性も高い。

　ところが、援助職が扱うのは、数値にも画像にもしがたい、感情やコミュニケーションの問題である。受け取り手によって、その基準は極めて主観的でばらばらだし、同じ人間でもタイミングによって受け止め方はさまざま、私も数週間前の面接でさえクライアントの「印象」についての記憶はおぼろげである。そこで、写真や画像データ、血液検査の数値の代わりに援助職が使いたいのが MSE である。MSE を使って、

ちょうどスナップ写真を撮るようにクライアントの様子を言語化してみよう。

2.MSEとは

　MSEは日本語にすると精神的現症検査、となる。アメリカでは精神科あるいは神経科で広く使われている技法で、精神医学の根幹をなす判定方法である。「検査」と呼ばれているが特殊な用具や用紙は使わず、精神科医や神経科医が通常面接時に実施する質問項目の一部（まれに全部）を使って目の前のクライアントの状態を言語化するテクニックである。他の専門家と情報を共有するために用いられているフォーマットであり、特殊な研修などは必要とされない。現在の日本の援助場面でこれをすべて実施するというよりも、他者と情報を共有するための現象の捉え方の紹介と理解いただくとよいと思う。

　MSEはクライアント本人の訴えによる主観データと、援助者の観察による客観データからなる。クライアントの認知・感情・情緒的機能の現状を描写するとともに、今後精査を要する点を明らかにし、リファーの手がかりとなる。

　なお日本ではMSEに近いものとして、MMSE（Mini Mental Status Exam）が一部の老人ホームの入居時のアセスメント等に実施されている。

3.MSEの項目

　MSEには一般的に次のような項目が含まれている。健康診断の項目と同じように、MSEは必要な情報を効率的かつ包括的に収集できるよう構成されている。このフレームに慣れ親しんでいただければ、注意すべき点を頭の中で組み立てながら面接に臨めるようになるはずである。

---

❶ 全般的な見かけ、身だしなみ　❷ 体の動き・運動機能　❸ 発言の量と質
❹ 思考過程　❺ 思考の内容　❻ 知覚障害　❼ 面接時の態度
❽ 感覚／意識と見当識　❾ クライアントの報告による気分
❿ 面接者の観察による感情・情緒の内容と振幅
⓫ 知能　⓬ 洞察力　⓭ 判断力

---

❶ **全般的な見かけ、身だしなみ**

　まず、クライアントがパッと見た目どんな様子か、ということである。どんな服装や化粧か、身だしなみはどうか。タイトルにはないが、体臭や酒の匂いなどもここに含まれる。第一印象の根拠を具体的に表現する項目である。年齢や文化的背景、社会的役割に合致した服装なり見た目かということも合わせて検討する。援助職自身に鑑別診断の能力が求められていないとしても、その方向づけをすることができれば、医療リファーが効果的に行える。全般的な見かけから推察される病理や問題には次のようなものがある。

服装が乱れている。髪が乱れている、髭をそっていない。体臭、尿の臭い。	▶ セルフケアが減退している。脳障害、統合失調症など精神病性障害、抑うつ症状、薬物の使用が疑われる。
不思議な服装（全身黄色など）、とっぴなメイク（口紅が著しくはみ出している、明らかに馴染まないメイク）、とんちんかんな装身具（統一感のないアクセサリーなど）	▶ 精神病性障害が疑われるが、信仰上の理由、ファッションへのこだわりなどの可能性もある。
酒の匂い	▶ アルコール性障害の可能性がある。それ以外にも、気分障害、不安障害に対し気をまぎらわせようとしている可能性がある。また、面接前に一杯ひっかけるという判断力の問題も考えられる。
身だしなみが整っている	▶ 社会機能が維持されている。
職場にサンダル履き、露出の多い服装	▶ 判断力の低下の可能性。職場で浮いている、周囲とうまく人間関係が作れない可能性が考えられる。

❷ **体の動き・運動機能**

　クライアントの動作も重要な情報である。ここでいう運動機能はもちろん、どれだけ速く走れるかということではなく、生理的な活動レベルを指している。面接中の姿勢やジェスチャー、歩き方なども含まれる。

体の動きが異常に速い、あるいは多い	▶ 躁状態の可能性が考えられる。覚せい剤やカフェイン、ニコチンなどの薬物の使用も疑われる。
体の動きが異常に遅い、あるいは少ない	▶ うつ状態、統合失調症の陰性症状、脳障害、酒や大麻、コカインなどの薬物使用などが考えられる。

手の震え	▶	過度の緊張、薬の副作用、薬物の禁断症状、脳障害などが考えられる。
すり足で歩く	▶	パーキンソン様歩行といわれる。薬の副作用、脳障害などが考えられる。
同じことばかりする（毛を抜くなど）	▶	過度の緊張、何らかの精神病性障害、脳障害などが考えられる。
傍目にわかるぐらいに舌が動く、何も食べていないのに噛み合わせを繰り返す	▶	向精神薬の副作用の可能性がある。
チック	▶	過度の緊張、何らかの精神病性障害、脳障害などが考えられる。
目を合わさない	▶	極度の対人緊張、うつ状態が考えられる。精神病性障害による幻覚や妄想の可能性も考えられる。
視線をそらさない	▶	こちらに何らかの怒り、興味がある。文化的差異の場合もある。
極度の貧乏ゆすり、うろうろする、じっと座っていられない	▶	緊張している、躁状態である、あるいは何らかの薬物を使用している可能性がある。
腕組み、足組みしている	▶	警戒している、距離を取ろうとしている可能性がある。
だらっとしている	▶	やる気がない、抵抗している、薬物を使用しているなどの可能性が考えられる。

❸ 発言の量と質

　政治家や俳優を思いうかべてみると、同じ台本やせりふを話していても与える印象はその人によってまるで異なる。話す内容よりも、その話し方や流れのほうが雄弁に本人の人となりを語るのはよくあることである。援助職がクライアントの話を聞いて問題解決に結びつける場合には、内容への対応はもちろんだが、スピードやなめらかさなど、本人のコミュニケーションのパターンから課題をくみ取って対策に反映させることが必要である。

声が極端に小さい	▶	緊張している、何らかの事情で周りに話を聞かれたくないと思っている可能性がある。
声が極端に大きい	▶	聴覚の問題の可能性がある。幻聴がある場合もある。

スピードが極端に速い	▶	躁状態、または覚せい剤のような薬物の使用が疑われる。緊張感の表れのこともある。
スピードが極端に遅い	▶	うつ状態、または酒や大麻、コカインなどの薬物、鎮痛剤や誘眠剤の多量服用の可能性がある。
追い立てられるようにしゃべる	▶	躁状態、薬物使用の可能性。質問されないようにしゃべり続けている可能性もある。
発言に詰まる	▶	話の途中で突然発言が途切れ、それまで何を話していたか思い出せないような場合、幻覚の可能性が疑われる。
極端に慎重に話す	▶	妄想や幻覚があり、それを隠そうと言葉を選んでいる可能性がある。
どもる	▶	言語障害、また極度の緊張などが疑われる。
ろれつが回らない	▶	向精神薬の副作用の可能性。酒などの薬物を使用していることも考えられる。
洗練された用語選択	▶	高い教育程度が考えられる。面接する側（援助者個人、専門職全般、または組織）に意図的あるいは無意識のうちに挑戦しようとしている可能性がある。
猥雑、乱暴な用語選択	▶	わざと面接する側をびっくりさせて反応を見ようとしている、あるいは嫌がる反応を見ようとしている可能性がある。
素朴な用語選択	▶	援助職が説明したり心理教育を提供したりする際、用語選択に配慮が必要である。

❹ 思考過程

　思考過程はクライアントの思考がどのように形成され、継続しているかを評価するもので、それはすでに見た発言の内容やなめらかさから思考の流れを測るところが大きい。クライアントが話す内容がそれぞれどのように関連しているか、ロジックは通っていても聞き手がついていけないような展開か、といったことに注目する。

　一口に「話が通らない」といっても、着目するとそのパターンは一つではない。以下、いくつか例を挙げてみる。

話が飛躍する	▶	観念奔逸とも言われる。典型的な躁状態の思考過程で、頭の回転が速すぎて、言葉がついていかない状態である。「私の名前ですか？　田中です。楽天の田中マー君と一緒。そういえば、仙台の牛タン弁当、ひもを引っ張ると湯気が出るの、食べたことあります？　最近非常食もひも引っ張って食べられるのありますよね。阪神の震災の時はカセットコンロがなくて大変だったってニュースで見ました。でも最近はネットばっかり見てるので、テレビって見なくなりました。で、他にご質問は？」
迂遠	▶	脳疾患などが疑われる。話が情況的（あるシチュエーションについて細部にわたって説明する）なので話が進まない。意見や不要なまでの詳細が挿入されることが特徴である。「私の名前？　聞かれるとは思ってませんでしたよ。あなたたちは大事なことは聞いてくれませんから。前に母親の病院でワーカーって人に会いましたよ。平成４年？　５年だったかな。ああ、絶対５年です。ワーカー？　介護士？　どっちだったかな。その人一度も母親のことも私のことも名前呼びませんでしたよ、いつも『あのー』って。名前なんてどうでもよかったんじゃないかしら。424号室の本人と家族、とでも呼んでたのよ。で、私の名前ですか、田中です。」
話が脱線する	▶	連合弛緩と呼ばれることもある。話題がどんどん逸れていって、元のところに戻らない状態である。重症になると滅裂思考になり、さらに重症化すると言葉のサラダ（語句自体が滅裂な混合物）になる。「名前？　まあ教えてあげてもいいけど、この部屋暑いよね。暑いと壁なぐりたくなるんだよね。この前失恋しちゃってさ。やっぱりアイスクリームはバニラがいいな。資本主義っていうのは機能しないんですよ、だからみんなうまくいかないんだ。」
盛り込みすぎる	▶	強迫的な傾向が疑われる。「どんなふうに痛いかですか？　それはその時にもよるんですけど、頭の左側がきりきり痛くて、でもぼんやり痛い時もあって、その時は首のつけねのあたりがぼんやり痛いんですが、そういう時は首だけじゃなくて肩や目も辛いんですけど、きりきり痛い時も、ぼんやり痛い時もあるんですよね。どちらでもないっていうか、同時っていうこともあります。」

その他、注目すべき特徴的な思考の過程には次のようなものがある。

話が突然中断する	▶	途絶とも呼ばれる。考えが終わる前に、その流れが中断する。少し休んだ後で何を言っていたか、言おうとしていたかが思い出せない。認知機能の障害の疑いがある。
保続	▶	新しい刺激を与えても、前の刺激への反応が維持される。認知障害を示唆する。

また、問題のない思考過程を表現する用語には、次のようなものがある。

目的志向／一貫性がある／理路整然としている／論理的である	

❺ 思考の内容

思考の内容を検討することで、さまざまな精神疾患のサインや症状をアセスメントすることができる。

自殺念慮 ▶	死にたいという考え。うつ症状の一つであるが、その背景にある疾患はさまざまである。その危険度の判定については後述する。
他害念慮 ▶	他者を傷つけたいという考え。他者を傷つけたいと考えている場合、自身も傷つけようとしていることが多い。危険度については後述する。

不安や心配が語られる場合もある。

強迫 ▶	強迫観念と強迫行動がある。強迫観念とは意識から消し去ることができない、思考あるいは感情の病的な持続を指す。強迫行動とはある行為を繰り返し遂行する制御不能な衝動で、抵抗すると不安が起きる。また強迫観念への反応として強迫行動が生じることもある。いずれも不安と結びついている。
恐怖症 ▶	いわゆる恐怖心ではなく、特定の対象、活動、状況などに対して持続的かつ過度で、しかも不合理な恐怖をいだく。そのため、それをなんとかして回避したいと思うか、苦痛を感じながら耐えることになる。社会恐怖、高所恐怖、広場恐怖、閉所恐怖、先端恐怖などがある。
心気症 ▶	自分が病気であると信じ込んでいる。自分の体が感じる感覚を、病的なものと解釈している。思い込みがより強くなれば、次の妄想に該当する。

次のような思考内容が見られれば、統合失調症のような精神病性障害が疑われる。しかし、気分障害の症状であったり、薬物の使用や身体疾患が原因であったりすることもあるので、一足飛びに結論付けないようにしたい。

妄想 ▶	固定され、間違った、風変わりな確信を指す。他人が説得したり別の証拠を示したりしても、それによって訂正されることはない（ほど強固だとされる）。もっともよくみられるのは、被害妄想と誇大妄想であり、宗教的、歴史的なテーマを伴う場合もある。また妄想の内容が気分と一致している

		かどうかも重要な観察のポイントである。気分に一致しない妄想は統合失調症を示唆する。
	被害妄想 ▷	嫌がらせをされる、だまされる、危害を加えられている。陰謀を企てられている、といった妄想。
	誇大妄想 ▷	自分が重要である、権力がある、力のある神や有名人と関係がある、といった妄想。
	奇異な妄想 ▷	まったくありえない、信じられないような奇妙な確信。
	嫉妬妄想 ▷	自分の性的伴侶が不貞であるという病的嫉妬。
	恋愛妄想 ▷	誰かが自分を愛しているという妄想。たとえば会ったことのない有名人が自分を思っているという確信。
	させられ体験 ▷	他者あるいは外的な力によって自分の意思や思考、感情がコントロールされているという妄想。
	思考吹入 ▷	他者あるいは外的な力によって考えが心の中に植えつけられる、自分の考えのある部分が挿入されたものであるという妄想。
	思考伝播 ▷	考えが放送されている、あるいは大きな声で言い伝えられているかのように他者に聞かれているという妄想。
関係念慮 ▶		普通の出来事が、その人にとっては特別な意味を持っているという感じ。他者が自分のことを話している（例えばテレビやラジオなどから自分に向かって語りかけられている）と感じる。関係念慮のあるクライアントは、ヘリコプターが頭上を飛ぶ音や、特定のコマーシャルなど、なんでもないことに極端な意味づけをする。
内容の貧困さ ▶		あいまいさや無意味な繰り返し、不明確な言い回しのために、与える情報量が少ない。

❻ 知覚障害

　自分の体が受けた刺激を心理的情報に変換する過程における障害である。ここで扱うのは、末梢感覚器官に問題がないのに知覚の障害がおこる場合である。

錯覚	▶	外的な刺激が誤って知覚されたり、解釈されたりすることをいう。木の影がお化けに見えたりする場合、木の影は実際に存在するが、その情報が誤って解釈あるいは読み取られている。
幻	▶	実際にはないのにあるように知覚することをいう。たとえば亡くなった夫の姿が見える、遠く離れた母親に背中をさすられているような気がするといった例がある。
幻覚	▶	「本当に知覚している」という感覚があるが、実際にはその感覚器官への外部からの刺激がない状態で起きていることをいい、外的刺激と内的刺激

		の区別がつかない状態を指す。幻との違いは、圧倒的に現実味を帯びている、という点である。たとえば「ピンクの象が見える」というクライアントが体験しているのが幻覚か、幻のレベルかを判定するには、「本当にそこにいるんですか？」と聞けばよい。「いますよ、見えないんですか？」と答えればそれは幻覚のレベルである。「いないのはわかってるんですけどね、そんな気がするんです」と答えれば、幻（または何かを誤って知覚しているのであれば錯覚）である。ただし、なかには、「あなたに見えないのはわかってるけど、私には見えるんですよ」と答える、幻覚を体験していると自覚しているクライアントもいるので、自覚の有無は必ずしも幻覚の質を決定するものではない。
	幻視 ▷	視覚に関連した幻覚である。せん妄や薬物（処方される薬剤を含む）の離脱症状、中枢神経系の損傷など、器質性に起因する可能性が高いが、統合失調症などの精神病性障害の可能性もある。
	幻聴 ▷	聴覚に関連した幻覚で、声が聞こえるという症状は精神病性障害に多くみられる。また、戦場で聞こえたヘリコプターの音がするという症状が、PTSDをわずらう復員軍人に見られることがある。
	幻触 ▷	触覚や表面感覚に関する幻覚である。蟻やみみずが皮膚の下をのたくっている、という幻覚は、コカイン使用者に多くみられる。
	幻嗅 ▷	ゴムが燃えるにおいなど、においに関連した幻覚で、脳障害ほか身体性疾患の可能性が高い。
	幻味 ▷	通常は不快な味覚に関連した幻覚で、脳障害ほか身体性の疾患の可能性が高い。
	体感幻覚 ▷	電気の感覚など、身体内部の知覚に関連した幻覚。身体性疾患の可能性が高い。
解離	▶	意識や記憶、同一性、知覚など、通常は統合されている機能が破たんしていることをいう。強いストレスや心的外傷に対する防衛機制として見られる。
現実感消失	▶	知覚または体験が変化して、環境が奇妙に、または非現実的に見えることを言う。たとえば、周りの人たちが機械のように思える。
離人症	▶	自分自身が自分を外から観察しているような知覚または体験をすることをいう。たとえば自分が夢の中にいるように感じる。

❼ 面接時の態度

　面接時にカウンセラーやワーカーに対してどのような態度を取っているか観察すると、さまざまな情報を収集することができる。

　一つは、全般的な対人関係のパターンである。通常面接は1時間弱かかる。人間、

わずかな時間であれば自分の行動や態度をかなりコントロールできるが、時間が経てば気も緩むもので、その人の人となりが垣間見えることも多々ある。にわか仕立ての関係とはいえ、見知らぬ援助職と対人関係を形成しようとする時に見られる態度や、そこからわれわれが受ける印象は、他の場面でも再現されている可能性が極めて高いのである。カウンセラーに対して非常に反抗的な中学生であれば、教室や家庭でも、教師や家族に対しておそらく同じような態度を取っているであろう。

　もう一つは、問題意識（あるいは病識）と問題解決に対するモチベーションである。第三者から言われて無理やり来談し、ほとんど自分の話もしない、非協力的なクライアントであれば、問題は自分のこととは思っていないかもしれないし、こちらが提案したことを実行するとも思えない。

　さらに、問題の深刻さと本人の態度が大きくかけ離れているようであれば、本人の不調が重篤な可能性が疑われる。たとえば、虐待を受けた3歳児が、初対面でにこにこしながらこちらにまとわりついてきたとする。通常、3歳であれば人見知りをするであろうし、しかも虐待を受けていたのであれば、人に対して恐怖心を抱くと思われる。それに反して見知らぬ他人に過度にひっついてくるということは、それだけ本人の受けたダメージが大きいことを想像させる。あるいは懲罰を受けたサラリーマンがへらへらと「大したことないっすよ」などと語ったとすると、よほどのショックでそれを表に出すことができないのか、懲罰を受ける原因に対してまったく反省していない反社会性の片鱗か、のいずれかであろう。

　態度を表す用語には、次のようなものがある。実際の記録に残す際には、用語選択には十分な注意が必要である。

協力的／率直な／素直な／非協力的／回避的／卑屈な／易怒的／攻撃的／要求が多い／誘惑的／挑発的／用心深い／防衛的／受身的／操作的／無関心／依存的／抵抗的／否定的／懐疑的／うちとけない

---

❽ 感覚／意識と見当識

　感覚／意識では、本人の意識レベルを問う。意識が覚醒しているか、清明か、錯乱あるいは混濁していないかを見る。認知障害やせん妄状態では、意識の混濁や変容が見られる。

　見当識とは、時間、場所、人物、状況を正しく認識していることをいう。認知障害などで見当識が失われる場合、まず時間の感覚がなくなり、次いで場所、さらに人物

（自分自身と、対峙している相手）が認識できなくなる。状況とは、全般的な情勢が把握できているかどうかで、たとえば「昨日家でお昼をいただいたところまでは覚えてるんですが、その後はわかりません。でもその後、家族が救急車を呼んでくれたようで、目が覚めたらこの病院におりました。MRIですか、それとCTをしまして、今その結果を待っております」というように答えられれば、そのクライアントは状況が正確に把握できており、現在の見当識は健常だといえる。

❾ クライアントの報告による気分

気分（mood）と感情・情緒（affect）は、天候（climate）と天気（weather）に例えられて、前者はより恒常的なもの、後者は一時的なもの、とされることがある。MSEでは、「気分」はクライアント自身の報告によるもの、「感情・情緒」は援助職の観察によるもの、と位置付けられる。クライアントの全般的な「気分」を知ることで、さまざまな精神障害の可能性が検討できる。

気分を表す用語には次のようなものがある。

> 幸せだ／高揚している・ハイである／元気じゃない・ローである／憂うつだ／
> 落ち込んでいる・最悪だ／気にかかっている／不安である／怒っている／
> いらいらしている／興奮している／どうでもいい

気分障害、なかでも大うつ病性障害（うつ病）のクライアントであれば、憂うつ、落ち込み、といった気分を訴えるであろう。またいらいらや「どうでもいい」という気持ちを訴えることもある。最近メディアでもよく取り上げられる気分変調性障害では、大うつ病性障害ほど重篤でない気分の落ち込みがある。一方、双極性障害に見られる躁病エピソードや軽躁病エピソード、いわゆるハイの状態にあるクライアントであれば、「絶好調」と言うであろうし、興奮やいらいら（じれったさ）を訴えるであろう。

不安障害のクライアントであれば、いろいろと心配な気持ちや不安を訴えるだろう。

また薬物を使用しているクライアントであれば、覚せい剤やコカインなどの中枢神経刺激剤を使っていればハイに、アルコールやヘロイン、大麻などの中枢神経抑制剤を使っていればローになるし、同じ薬物でも、それが効いている時と切れた時ではその気分も変わる。

❿ 面接者の観察による感情・情緒の内容と振幅

　気分がクライアントの主観的な訴えだったのに対し、感情や情緒は援助職がそのクライアントを観察して収集する（クライアントにとって）客観的な情報である。クライアントが訴える気分と専門家が受けとる情報が一致しているかどうかは、支援方針を決定するうえで極めて重要である。客観的情報はクライアントの表情や声のトーン、ジェスチャーなど、その気分が表現されるさまざまなサインから集められる。

　たとえば「気分はいいです」と言うクライアントが真っ青な顔をしていた（つまりはた目には気分がよさそうに見えない）なら、いくつかの理由が考えられる。まず、病識の不足または欠如である。何らかの疾患や薬物の使用により認知機能が後退していて、自分の状況が的確に伝えられない、または自分の気分の変化に対する気づきが不足している、といったことが推察される。また、本当は気分はよくないが、そうは言えないという事情がある場合もある。家族や仕事のプレッシャーといった社会的要因から体調不良を認められない、というクライアントもいるだろう。これらはいずれも、問題意識が低い、問題に主体的に取り組めないことが想定され、支援へのコンプライアンスが低いと考えられる。

　また、状態の変化になかなか気づけないクライアントに対して、専門家としての観察を記録する意味でも、両者を分けることは有用である。たとえば抑うつ状態が長く続くクライアントが、自分ではいつも「落ち込んでいます」と報告していたとして、当初は目も合わさずどんよりしていたのが、しばらくしてちょっと笑いながら自嘲気味に言うようになったとする。気分の記録はいずれも「落ち込んでいる」となるだろうが、援助職による客観的情報としては、「感情の変化が見られるようになった」と記録すべきであろう。

　なお、これらの感情・情緒は文化的に大きく影響を受けていることは忘れてはならない。『アルプスの少女ハイジ』でハイジとロッテンマイヤーさんが衝突した理由の一つが、あけっぴろげなハイジに対して、ふだん抑圧されているロッテンマイヤーさんがフラストレーションを感じ、逆にハイジがロッテンマイヤーさんの好意を測りかねた、ということがある。クライアントと援助職が異なる生活環境で育ってきたことを踏まえ、援助職自身のバイアスや偏見が常にあることを意識することが望まれる。

　感情・情緒を表す用語には次のようなものがある。

激しい、強烈な……話題に対して過度に激しい感情を表す。
十分な……話題に見合った感情が見受けられる。
穏やかな……ぼんやりと柔和な表情である。

> 鈍麻した……感情表現のトーンが明らかに減弱している。
> 平板な……感情表現がほとんど見られず、表情が変化しない。
> 不適切な……悲しい話の時にそう見えない、楽しい話の時にそう見えない。

　激しい感情表現は躁・軽躁状態や脳機能障害、薬物使用の可能性がある。表現が減弱していたり不適切である場合は、重度の抑うつ状態や精神病性疾患、脳機能障害、薬物使用の疑いがある。

　また、感情・情緒を観察する際には、その内容だけでなく、振幅（気分の波）にも注意を払う必要がある。面接中、援助職とのやりとりに沿って感情が変化するときに、どの程度「揺れる」か、ということである。

> 不安定な、易変性の……泣いたと思ったら怒ったり、またすぐに笑ったり、と面接の限られた時間内でも感情の変化が非常に激しい。
> 豊かな、幅広い……感情表現が豊かで、かつ感情の変化に沿っている。
> 通常の……話題の変化に沿って、通常と思われる範囲で感情が変化する。
> 制限された……感情表現の幅が何らかの理由で制限されている。

　不安定な感情表現は、パーソナリティ障害（特に境界性パーソナリティ障害）に多く見られる。制限された感情表現は上記の減弱な感情表現の場合と同様、重度の抑うつ状態や精神病性疾患、脳機能障害、薬物使用の疑いに加え、感情を抑制するパターンの表出とも考えられる。

⓫ 知能

　知的能力の詳細な判定は心理検査にゆずるとして、援助職とのやり取りにおいて通常にやり取りができるレベルであるかどうかを見る。通常のアプローチでクライアントの理解が十分に得られるか、介入方法が適切か、またクライアント自身の問題解決能力や遭遇するであろう問題がどんなものか、想定することができる。

　知能は次のような表現で通常記載される。クライアントの年齢を加味して判断することが当然求められる。

> 標準／標準以上／標準以下

⓬ 洞察力

クライアント自身が問題や状況に対して、その原因や意味を理解する能力があるかを指す。「病識」という用語も使われるが、援助職が扱う課題は病気だけではない。たとえば、アルコール依存の夫に酒を買い与え続ける妻は、病気ではないかもしれないが、自分の行動が夫の問題ひいては夫婦の問題を悪化させているという自覚がない、あるいはあっても本当に問題ととらえていないと思われる。あるいは、管理能力のない営業部長の部下が次々と辞めるなか、「代わりはいくらでもいる」と採用にプレッシャーをかける社長は、問題の原因が理解できていないであろう。この妻も社長も、問題の洞察力が十分とは言い難い。

洞察力を表現する用語には次のようなものがある。

良好／まずまず／乏しい／機能していない

⓭ 判断力

これまでMSEを日本の専門家に紹介してきて、最も誤解を呼んだのがこの「判断力」である。判断力というとつい、物を盗まない、という「価値観や倫理観に基づいて良し悪しを決定できる力」とか、効果もよくわからないカウンセリングを続けるかどうか「決断できる力」に結びつけてしまうようである。しかし、MSEでいう判断力とは、状況、なかでも自分の言動が与える影響を検討し、自身の衝動や情緒を制御する力のことである。

例えば面接中、カウンセラーの発言が気に入らなくて怒鳴り散らすクライアントがいたとすると、このクライアントの判断力はかなり低い。普通は、カウンセラーに怒鳴ることでカウンセラーの心証が悪くなるとか、場合によってはカウンセリング中断で出入り禁止になってしまうかもしれない、と思って、ぐっと我慢するところであろう。怒鳴ったことが自分に跳ね返ってくると判断して、「とりあえず怒鳴るのはやめておこう」と思って実際我慢できるのが良好な判断力である。また別の例で、初めてのカウンセリングで張り切って、他人に話したこともない学生時代のいじめの話をしたら、話しすぎたことに後悔してそれっきり来られなくなったクライアントの判断力は十分とはいえない。カウンセリングでいじめの話をすることには問題ないはずだが、普通は初対面の人間には、警戒してそうそう心の奥底の話はしないものである。「この人こんな話聞いたら引くよね」「守秘義務ってどこまで本当かな」と思い直して、適当に端折って話すのが良好な判断力といえよう。

判断力も次のような用語で表現される。

> 良好／まずまず／乏しい／機能していない

　なお、洞察力、判断力とも、他の項目と同じかそれ以上に、年齢に見合った機能レベルが達成されているかどうかを見極めることが重要である。ティーンエイジャーはドラッグに手を出したり、セックスにふけったり、悪い連中とつるんだりするが、これらはティーンエイジャーとはそういうものだからである。発達心理学的には洞察力・判断力を身につけるのはティーンエイジャー以降とされており、彼らは痛い目を見ながらこのような力を習得していく。先ほどの「面接中に怒鳴り散らすクライアント」が3歳ならまったく問題なし、10歳でも程度によってはおそらく許容範囲内、ティーンエイジャーであればむしろしらけてないことに驚かされるが、25歳では「あー、これでは職場でも問題でしょう、判断力不十分」と判断することになる。

第3節
情報に基づいて問題を把握する

1. 収集した情報から支援計画策定までの思考プロセスを言語化する

　MSEを使って十分に情報を収集したら、その情報をもとに目の前のクライアントがどんな問題をかかえているかを包括的にとらえることができる。問題が把握できて初めて、そのクライアントにどのような解決策があるか、またどのように支援するか、考えることができる。この情報を収集し全体像を把握する、ということがいわゆる「見立て」である。

　たとえば、トイレの床にしみができたとする。素人目にはどこにも水漏れはないし、放っておいて大丈夫かどうかもわからないので、修理のしようがない。そこで業者を呼ぶのだが、まず業者はトイレの周りだけでなく、風呂場や台所など、他の水回りをチェックして回る。そこら中のパイプをカンカン叩いてみたり、床を叩いてみたり、水道メーターが回ってないかも確認する。その上で「結構深刻です。床下のパイプにひびが入っていて、このままにしておくと下の階まで水浸しになります」という結論に至る。この、「結構深刻、なぜならパイプにひびが入っていて、そのうち下の階の損害まで補償しないといけなくなりますよ」というのが、修理屋さんのプロとしての「見立て」である。単純に表面上の現象から結論を決めつけるのではなく、さまざまな仮説を立ててそれを一つずつ検証していく。その結果到達する全体像こそが「見立て」である。

　仮にこの修理屋さんがどこも見ずに、いきなり修理の見積もりを出してきたとすると、どうだろう。お金を払うほうとしては、ぼられていると思うのが普通であろう。相手がキャリア何十年のベテランであっても、なにも見ないでいきなり修理と言われては、払うほうとしてはなかなか納得できない。あるいはこの修理屋さんが、素人に

はまったくなじみのない専門用語で状況を説明したとしたらどうだろう。「よくわからない言葉でこちらを煙に巻いて、要りもしない修理をやって修理代を巻き上げようとしている」と思ってしまうのではないだろうか。聞き手に理解できるように「見立て」を伝えるということは、聞き手が自律性をもって選択してもらうために、必要不可欠であるということがおわかりいただけるだろう。また、「見立て」がきちんと理解されていると、その後の軌道修正もやりやすい。「なんとなく」のアクションプランだと、どこまでさかのぼって修正しなければならないかよくわからないが、「見立て」がはっきりしていれば、それを練り直すために必要な情報収集を行えばよいからである。

2. 援助職にとっての「見立て」とは何か

　それでは援助職にとっての「見立て」とはどういったものだろうか。医師であれば、診断名が見立てになるが、援助職の場合はそういうわけにはいかない。
　これまで多くの援助職の方たちにお会いしているが、一番みなさんが苦労されるのは、この「情報に基づいて問題を把握する」というステップである。多くの場合、ワーカーにせよカウンセラーにせよ、情報の収集はある程度できておられるが、問題把握をすっ飛ばしていきなり支援計画を立ててしまう傾向があるようである。
　たとえば80歳のおばあちゃんがぶつぶつ独り言を言っていたとしよう。こういう場合、すぐ認知症と決めつけて医療リファーに話を進めてしまいがちである。だが実は、単に夕飯の買い物に出かけてきて冷蔵庫の中身を思い出していただけだったとか、がんばって孫のお気に入りのラップをおさらいしていたら気づかないうちに歌っていた、ということもありうる。あるいは、いろいろと身体疾患が重なって薬が多重投与になり、その副作用でせん妄状態になっていることも考えられる。いずれの場合も80歳という年齢を考えれば医療リファーはおそらく妥当であり、結果として支援の方向性は同じだったかもしれないが、単純に医療リファーするだけでこのおばあちゃんに最善の支援が提供できるのであれば、援助職は必要ない。
　援助職がその専門性を生かして拾う情報は、おばあちゃんの心理的・社会的側面に関するものである。おばあちゃんが独り言を言っているのが「夕飯の段取り」でもなく、「ラップの練習」でもないという確認が必要であるという視点は、援助職ならではのものである。病気ではないおばあちゃんの生活パターンや孫との人間関係について情報収集してこそ、医療とも看護とも異なる角度から問題を把握することができ、

それが援助職の独自性につながるのだ。

　また、他職種と肩を並べて仕事をする以上、「多重投与」の可能性を検証する必要性を認識していることは極めて重要である。自分がエキスパートでなくても、チームの適切な資源につなぐ、というのはチーム介入の基本だからだ。見立てが明確であることが求められるのは、消費者や利用者に対してだけではない。チームで介入している場合には、他職種、あるいは自分以外の専門職に対しても、自分の専門性に基づく見立てを明確に伝え、チームとしてより精度の高いアクションプランを作れるようにすることが必要である。

(1) バイオサイコソーシャルアセスメントを使った見立て

「見立て」とは、ある人を立体的にとらえること、さらにわかりやすく言うと、どんな人がどんな状況にあって、それがその人となりによっていかに困っているか、あるいは案外何とかなっているか、というのを言語化することである。援助職が自分の専門性を生かして見立てる際に使えるフォーマットに、バイオサイコソーシャルアセスメントがある。これは、アメリカではソーシャルワーカーやカウンセラーに広く使われている。このアセスメントにはバイオ（生物学的）、サイコ（心理学的）、ソーシャル（社会的）の３つの要素がある。

・バイオ：クライアントの医療的・身体的側面についての検証
・サイコ：心理的・精神的側面についての検証
・ソーシャル：社会機能についての検証

　カウンセラーはその専門性からサイコに注目する訓練を受けているし、ソーシャルワーカーはソーシャルにかかわることがその業務である。では三つの中に得意分野があることを踏まえて、なぜバイオサイコソーシャルアセスメントを行うことが重要なのだろうか。それはこれら三つの側面は密接に関連しているからである。どれか一つだけを切り離して問題の低減を図ることは難しいし、非効率的である。反対にこれらの要素に多面的に介入できれば、問題解決はスピーディーかつ効果的に行える。クライアントの心理面あるいは社会機能面の現象にだけ引っ張られて結論に飛びつかず、医療面や身体面の問題の可能性を踏まえたうえで見立てる能力が求められるのである。

　では、バイオサイコソーシャルアセスメントの視点が重要なのは、どのような場合

だろうか。

　例えば目の前に、顔色は真っ青でひげも剃っていない、若い男性クライアントが現れたとする。体の動きは緩慢で、受け答えも時間がかかる。見るからに元気がないこの人物は、うつ状態と考えることができるかもしれない。しかし、もしかすると、ひどい二日酔いの可能性もある。またその日が仕事の締め切りで、2日間徹夜してぶっ続けで作業してやっと提出した直後、放心状態であとはもう寝るだけ、というタイミングかもしれない。これら三つの可能性（うつ、二日酔い、提出直後の放心状態）のうち、あとの二つであれば、仮に抗うつ剤が投与されてもうつは改善しないし、かえって体調不良になったりハイになったりすることもありうる。むしろ、二日酔いであれば酒を抜かなければ元気にはならないし、仕事の締め切り明けであれば、次の課題を渡されればまた元気になるであろう。

　これらの例で言うと、二日酔いはアルコールという物質（薬物）を体外から体内に摂取し、それが抜ける（離脱する）ことによる身体的反応による一見抑うつのような状態である。生物学的・身体的介入（酒を抜き切る）をしなければ、抑うつのような状態を脱することはできない。提出直後の放心状態は、徹夜明けで睡眠不足という身体的要素も無視はできないが、それ以上に「仕事をやり遂げた」という社会機能を果たしたことによって一時的に機能がスローダウンしている状態である。社会的介入（新しい課題を得る）があれば、機能が回復することが見込まれる。

(2) バイオサイコソーシャルアセスメントが重要なわけ

　ソーシャルワーカーやカウンセラーに、バイオサイコソーシャルアセスメントが必要な事例をいくつか見てみよう。

　まずよく挙げられるのが、内分泌疾患の患者の事例である。たとえば甲状腺機能障害は、甲状腺機能が亢進しても低下しても、それが悪化すると精神症状が見られることがある。具体的には気分が落ち込んだり、いらいらしたり、幻覚などの症状が出る場合もある。このような事例の場合、抑うつ障害と思い込んでいくら支持的カウンセリングをしても、病状の変化は望めない。また、うつ症状に対してのみ抗うつ剤が処方・投与されても、甲状腺の治療が行われなければ、穴の開いた柄杓と同じで症状は改善されないだろう。血液検査を行う、病状に見合った投薬を行う、というのはもちろん医療の介入だが、それが効果があるかどうかのモニタリングにソーシャルワーカーやカウンセラーがかかわることはできる。多くの場合、医師の診療時間は短いし、頻度もせいぜい数週間に一度である。日ごろの様子や病態の変化を、ソーシャルワー

カーやカウンセラーから情報収集できれば、それは医師にとっても好都合であることが多いのだ。医療との連携をスムーズに行うためにも、的確なモニタリングができるような知識と視点が求められる。

ソーシャルが重要な例としては、"アニバーサリー"がある。普通アニバーサリーというと、結婚記念日など楽しい記念日を想像するが、援助職からするとうれしくない"記念日"もいろいろある。

例えば、出世街道を外れたサラリーマンにとって、異動公示は自分がだめだということを再認識させられる日である。毎年の4月10月の異動の前後は、後輩が自分をどんどん追い越し、かつて肩を並べていた同期がどんどん階段を上っていくなか、自分だけが前に進めないという事実にさいなまれる。

あるいは、ファミリー意識の強いアメリカの場合、10月から2月にかけて調子を崩すクライアントが非常に多い。これは、ハロウィーンに始まってサンクスギビング、クリスマス、お正月、バレンタインと、家族で過ごすことが当たり前の行事が続いて、幼少期の嫌な思い出がよみがえったり、普段は離れてやり過ごしている家族に再会してまた落ち込んだりすることが増えるからだ。

これらの"記念日"は、その当日のダメージが大きいのももちろんだが、それが迫ってくることからのプレッシャーも相当である。仕事や家族、友人関係などの社会機能的要素が本人の精神衛生に大きく影響を与えうる、という視点は、医療モデルでは重要視されないことが多い。本人への支援を総合的に行って、調子を崩すことを未然に防ぐうえでも、ソーシャルを含めたアセスメントは極めて重要なのである。

(3) アセスメントを要するリスク

援助職が介入するのは、緊急事態でないことのほうが圧倒的に多い。相談窓口業務などをやっていると、ちょっとした問い合わせの割合はかなりのものである。しかし、時には助けを求める人が最初に連絡してくることがあるのも事実である。危機的状況に置かれた人に何か所にも電話させるようなことは避けたいし、たった一本の電話で救われる人がいるならなんとかしたいと思って当然だろう。その一方で、差し迫った状況ではまったくないクライアントに延々と的外れな質問をして、仕事の効率は落ちるわ、何より信頼関係を破たんさせるわ、という事態は避けなければならない。

ここでは、援助職が拾い上げなければならない自殺、他害、虐待、ハラスメントというリスクについて、アセスメントのポイントをまとめる。

❶ リスクレベルを測る

リスクアセスメントをすることについ及び腰になってしまう理由に、「聞いてしまったらフォローが大変」という思いがあるのではないだろうか。確かに、専門家としてはリスクを知ってしまうと責任が発生するし、放置することは避けなければならない。その一方で、どこまでやればよいかよくわからないということもあるだろう。

こういった危惧は、あらゆるリスクをごちゃまぜにしてしまうことでより強くなる。ほんのささいなことも極めて深刻なことも同じように介入していては、たまたまその事例に当たってしまった援助者の身が持たないだろう。

日本の外務省が出す危険情報や、災害時の避難勧告、アメリカのテロリストアラート（正確には国家脅威勧告）は、リスクの程度に応じて住民や国民にある行動を促す指針である。ソーシャルワーカーやカウンセラーが対応するリスクについても、これらと同じようにリスクの程度を特定し、それに基づいてアクションプランを誘発する仕組みが必要だ。今どうしても対応しないといけない状況と、とりあえず様子を見ていればよいという状況をきちんと峻別して、それぞれに標準化された対応をする、という指針を固めることが望まれる。もちろんこの仕組みが円滑に運用されるためには、アセスメントツールが正確にリスクレベルを導き出せるものであることが大前提である。

では、そのリスクの危険度はどのようにして測ればよいだろうか。一つの方法として、「時間軸」と「深刻度」の２点からリスクを測ることができる。

時間軸

まず時間軸として、過去、現在、未来についてのアセスメントが必要である。

- 過去：クライアントとの接触からさかのぼって30日、90日、１年以内と、生涯を通してリスクがあったか。
- 現在：リスクが現在も継続しているか
- 未来：リスクがいつまで継続するか、直近でリスクが悪化する可能性があるか。

過去、なかでも直近のエピソードについて知ることは極めて重要である。クライアントのこれまでのパターンを知ると、今後の行動の予測を立てることができるからだ。さらに一番肝心なのが、現在そのリスクが継続しているか、つまり今もインシデ

ント（事態）が発生する可能性があるか、という点である。人間、気が変わることはよくあることである。しかし、少なくとも専門家がかかわった時点での意思を確認し、それに見合ったアクションプランをとったかどうかは、責任を果たしたかどうかの判断においてきわめて重要な要素になる。さらに見過ごしがちだが必ず聞き取りたいのが、そのリスクがいつまで継続するか、次回の接触まで実行を思いとどまれるか、である。後になって「実はあの時、嫌な予感がしました」とか、目の前のクライアントに「なんとなくやばそうだけど、今日は帰っていいです」では専門家の職務を遂行したとは断言できない。

深刻度

もう一つの点が、リスクそのものの深刻度である。

> ・心身の安全が脅かされているか？
> ・訴えがどの程度現実的か？
> ・想定される被害はどの程度か？

援助職が関与するリスクとして、クライアント自身、またはリスクのターゲットとなりうる個人の心身の安全が脅かされているか、ということが最も重要なポイントである。たとえば、「会社のお金を着服している」とクライアントから聞かされた場合、着服自体は直接的に誰かの心身に危害を及ぼすものではないので、リスクとして対応する必要はない。しかし、その着服を気に病んで自殺したい、となれば、クライアント自身に危険が迫るので、対応が必要となる。

訴えが現実的かどうかとは、行動に移すことが物理的にどの程度遂行可能か、ということである。たとえばクライアントが「マシンガンで自殺したいけど、どこで手に入るか？」と聞いてきたとする。その時点では道具はまだ入手されておらず、しかもそう簡単にマシンガンは調達できるものではないので、行動に移す可能性はあまり高くなさそうである。一方、「医者からもらっている薬をため込んだ。これを酒と一緒に一度に飲む」と言われて、実際にそのクライアントがその処方で服薬していたら、自殺を実行する可能性はかなり高いといえよう。

さらに、行動に移すことによる被害の程度によっても、そのリスクの危険性は変わってくる。同じように「自殺する」と言っても、電車に飛び込むのと、服薬自殺を図るのとでは、本当に命を落とす確率に大きな開きがある。もちろん前者のほうが危

険度は高く、後者の完遂率は低い。

　このように、リスクを2つの視点からとらえて類型化し、レベルを分けることで、標準化されたリスク介入が可能になる。介入を標準化することで、少なくとも専門家としての責任を果たす線引きを明確にすることができる。フォローはその範囲内で行えばよくなり、これは危機に対処しているソーシャルワーカーやカウンセラーにとっては負担を大幅に減らすことにつながるだろう。
　それでは前述のリスクについて、順に見て行こう。

❷ 援助職として

　援助職としてアセスメントを要するリスクに、虐待がある。虐待の対象者としては児童（18歳未満）、高齢者（65歳以上）、障害者などがある。医療関係者であればＤＶ被害者などがある。虐待の通告は国民の義務であるものの、現行の日本の法律では通告を怠った場合に罰則はない。しかしクライアントや患者としてわれわれの前に現れる人々は社会的弱者であることが多く、そういった人々を擁護するのは援助職の倫理的責任である。援助職は相談者の福祉を優先する立場であることから、一般の人々以上に虐待に対してアンテナを張る必要がある。
　援助職にとって難しいのが、虐待が疑われる場合にどこまで介入すればよいか、守秘義務の遵守と安全確保をどのように行えばよいか、ということであろう。虐待が実際に発生している場合、守秘義務は被害者の安全確保を妨げるものと解釈してはならない、と規定されており、むしろ援助職としては通告義務を遂行すればよいわけで、それ以上判断しなくてよくなる。しかし、虐待の有無がはっきりしない、グレーな場合には非常に難しい問題である。
　リスクの特定については、すでに述べた時間軸と深刻度に基づいて情報を精査することが必要である。

時間軸

・過去：クライアントとの接触からさかのぼって30日、90日、1年以内と、生涯を通してリスクがあったか。
・現在：リスクが現在も継続しているか
・未来：リスクがいつまで継続するか、直近でリスクが悪化する可能性があるか。

深刻度
・心身の安全が脅かされているか？ ・訴えがどの程度現実的か？ ・想定される被害はどの程度か？

　虐待のアセスメントにおいて特に注意しなければならないのは、事件について話すことによる二次被害を防ぐということである。虐待の場面を詳細に語るうち、事件発生時のことが思い起こされて事件発生時以上に傷つくこともあるし、援助職の反応が想定外で、それによって傷つくこともある。クライアントのペースに合わせてアセスメントを進めると同時に、クライアントの状態が不安定な場合にはストップをかける必要が援助職にはあることも想定しておかなければならない。

　虐待被害者のアセスメントについては文献等も多く出されているので、本論では記録についての留意点に焦点を当てて解説する。

❸ 精神保健の専門家として

　ソーシャルワーカーやカウンセラーがまず対応するべきリスクに、自殺と他害があげられる。これは、自殺・他害ともに精神疾患・精神症状が顕在化する問題行動の一つであり、かつ最も深刻なものと考えられるからだ。援助職が聴取をためらう理由に、「相手をかえって刺激するのではないか」「信頼関係が壊れるのではないか」と危惧することが考えられる。しかし、実際には（少なくとも）自殺念慮は精神科患者の多くが経験するものであり、カウンセラーやソーシャルワーカーに言われて初めて思い至る、と考えることは現実的ではない。また、死に関する話をきちんと受容することができれば、それはむしろ「この人はこういう話をしても大丈夫、聞いてくれる」というメッセージを伝えることになり、ラポールを強固にすることができるのである。カウンセリングや相談を利用しようとしている時点で、その利用者のリスクは一般人より高いと考えるべきである。専門家として聞き取るべき事項という自覚があって、自分の専門性に自信を持っていれば、自殺や他害について聞き取ることは難しいことではない。

　なお、裏返せば、我々の責任範囲となるのは、自殺・他害ともに精神疾患・精神症状によるものであるということである。たとえば、ゴルゴ13に「明日実行しようと思っている」と打ち明けられたとしても、おそらく彼が他者に危害を加える行為は精神疾患によるものではないので、殺人が発生した場合もソーシャルワーカーあるいはカウ

ンセラーとしての責任は発生しないと思われる。一方、自殺の場合は少し曖昧である。一般的には、精神疾患の症状としてでない自殺があるとされているが、自殺者が自殺に先立ってうつ病などと診断されるか否かはむしろ技術的な問題であって（症状が出てからの期間など）、ほとんどの場合、やはり気分の落ち込みや絶望感が自殺の強い原因であると考えられるからだ。突然夫が事故死した2日後に妻が自殺した場合、妻はうつ病とは診断されないが、たまたまこの2日間にカウンセラーが話を聞く機会があったとすると、その責任を問われる可能性は大いにある。

また、居酒屋の隣のテーブルで偶然、赤穂浪士が討ち入りの段取りを相談していたとしても、あるいはたまたま友人として聞いたとしても、同じく責任は発生しないだろう。なぜなら、これらは専門家として聞いている話ではないからである。もっとも、ゴルゴ13にしても赤穂浪士にしても、社会人としての道義的責任は発生するかもしれない。特にゴルゴ13がターゲットを特定していれば、被害者になりうる個人を守る責任が発生しないとも限らない。とはいえ、これはあくまで仮定の話で、通常カウンセリング中に他者を傷つける話が出て、それをカウンセラーなりソーシャルワーカーなりとして聞けば、何らかのアクションを取る必要があることは常識的に想像いただけるだろう。

■自殺のリスク要因

ではまず、自殺のリスク要因について紹介しよう。リスク要因としていくつか挙げることができるが、その頭文字をつないだものとしてSAD PERSONSがある。

Sex （性別）	▶ 女性は自殺企図が多いが、男性は方法が致死的で完遂することが多い。
Age （年齢）	▶ 疫学的には10代と老人が多い、二峰性分布とされる。近年の日本では30代、40代の働き盛りの自殺の増加が叫ばれているが、実数としてはやはり若者と高齢者が多いとされている。
Depression （うつ病）	▶ 長期的にはうつ病患者の15％が自殺死するとされる。
Previous attempt （未遂歴）	▶ 自殺未遂者の10％が自殺死するとされる。自殺を考えることはあっても、実際に行動に移すというのは相当のエネルギーと衝動が必要で、その一線を越えるのは並大抵のことではない。つまり、一度もそれを越えたことのない人よりは、越えたことのある人の方が圧倒的に繰り返す可能性が高いのである。

Ethanol abuse (アルコール乱用)	▶	アルコール症患者の15%が自殺死するとされる。アルコールを乱用し続けて徐々に体調を崩すことそのものが、slow suicide（緩慢な自殺）といわれることもある。
Rational thinking loss (合理的思考の欠如)	▶	精神症状の一つである妄想は危険因子である。慢性期統合失調症患者の10％は自殺するとされる。
Social supports are lacking (社会的サポートの欠如)	▶	家族や友人などのネットワークがない、孤立している、職場や学校などの組織に所属していない、といった状況に置かれているクライアントの危険度は高い。
Organized plan (計画性)	▶	綿密に計画された自殺念慮は危険信号。
No spouse (配偶者不在)	▶	離婚・別居・死別は危険因子、養育の責任を負っていることは、統計学的にも自殺の重要な予防因子である。
Sickness (病気)	▶	慢性疾患は危険因子である。回復の見込みのない重度の疾患は、絶望感のもとである。また耐え難い痛みは、死んだほうがまし、という思いを抱かせる。

　これらはあくまで、疫学的統計にのっとったもので、日本の文化的背景を反映させたものとはいえない。しかし、自殺のリスク要因を考えるうえで有効な指標といえよう。

　なお、自殺リスクとされる要因のうち、深い絶望感や自殺念慮、過去の自殺企図は5年間の長期的なリスクの判定要素であるが、1年以内の短期的リスクを測る場合の要因としてはむしろ、不安、パニック発作、興味、喜びの喪失（アンヘドニア）、アルコール乱用などが挙がっている（NIMH共同うつ病臨床研究（Clark and Fawcett 1992））ことを付け加えたい。うつのどん底にいる人は自殺をするエネルギーもないので、むしろうつが回復してからのほうが自殺リスクが高まる、ということはよく言われることである。命を自ら断つ、という膨大なエネルギーを要する行為は、気分の落ち込んでいる人よりも、「現状を逃れたい」人のほうが持ちうる可能性が高いということであろう。

　では、具体的に自殺のリスクアセスメントをどのように進めればよいだろうか。リスクアセスメントの目的は、上述したようにその深刻度を測り、必要に応じて適切な介入を行うことにある。そのため、まず「死にたい」という思いの有無を特定する必要がある。そういう思いがなければ、一応その時点でのリスクはない、となり、この件についてのアセスメントは終了となる。

■自殺念慮のアセスメント

［消極的（受動的）自殺念慮の判定］

　その「死にたい」という思いの有無を確認するのに、いきなりクライアントに「死にたいと思いますか？」と聞くのはいかにもハードルが高そうだ。だが、「死んでしまいたい、消えてしまいたいと思いますか？」「生きていても仕方ないと思いますか？」と聞くとどうだろうか。本人が主体的に死にたいと思っているかを聞くのではなく、成り行き任せででも死ねればいいな、と思っているかと尋ねることで、援助職にとってもクライアントにとっても、話を進めやすくすることができる。

［積極的（能動的）自殺念慮の判定］

　消極的自殺念慮が特定されたら、それを実際に行動に移すことを考えているか、死のうとしているか、を判定する。

　①**自殺意思の有無**

　　当然のことながら、「今、死のうと思っている」かどうかをまず確認する。たとえば、「高校生の時に失恋して、死のうと思ってたら、洗面所の父親の剃刀がちょうどいいなーと思って、手にとってしまいました。でも結局またすぐもとに戻しました。でもそれっきりそんなことは考えもしません」と35歳の女性が話したとすれば、自殺を考えてかれこれ15年以上経っているわけで、リスクは極めて低いわけである。

　　毎週カウンセリングに来ているクライアントが、「死にたいです。じゃあ、来週も同じ時間に」と言って帰って行った場合、少なくとも本人が来週までは生きていると言っているので、今死にたいと思っているとは考えないのが妥当である。もちろん、その判断を下すには、以下の要件に照らし合わせたうえで、死にたいという発言と、来週また来るという発言のどちらに重きを置くか検証する必要がある。

　②**自殺のことばかり考える**

　　深刻度を特定するために、「死ぬ」ことばかり考えているかどうか、は重要な指標である。ふとした時に「死にたい」と思うことは決して珍しいことではない。普通、自殺念慮は浮かんでは消えするものなので、カウンセリングの真っ最中に実際「死にたい」と考えている、というクライアントは少数派である。しかし、状況が悪化するあるいは病態が深刻化すると、ずっと死を考えるようになり、当然のことながら自殺に至るリスクも高い。間欠泉と大量の湯が絶え間なく湧き出す源泉。この二つを考えれば、後者のほうが決壊（つまり衝動が抑えられなくっ

第2章　記録に必要とされる要素　85

て実行に至る）リスクが高いことは明らかであろう。

③自殺を考えることへの恐怖
「死ぬ」ことを恐れているかどうかは、本人の抑止力を測るうえで有効な情報である。自殺を抑制する最大の要素の一つが、死の恐怖だからだ。頭の中で死を何度シミュレーションしても、実際行動に移すとなると腰が引けてあきらめる人は多いだろう。道具をそろえても結局実行に至らなかった、という話を（生存者から）聞く機会は多い。しかし、抑うつ状態が進むと死が身近になり、恐怖を感じなくなってしまう。そのため、思いとどまることが難しくなる。

④方法や計画の具体性
「死にたい」という思いがどの程度具体的かを知る必要がある。単に「死んでしまいたい」というクライアントと、「○○駅のフォームから特急電車に飛び込んで死のうと思う」「12階建てのマンションの屋上から飛び降りたい」「○月○日の××で死にたい」といったプランがあるクライアントでは、後者のほうが圧倒的に高リスクだ。すでに述べたように、自殺を考えるほど抑うつ状態が進んでいるクライアントにとって、詳細なプランを立てるというのはかなり骨の折れることである。すでにプランができあがってしまっているのであれば、それは銃に弾丸を込めて安全装置を外したようなものであり、実行に移されるリスクはより高いと言える。「○○に天誅を下される」と言った訴えがある場合、それが具体的にどういうことか（たとえばどのような方法で天誅が下されるのか、タイムリミットはあるのか、その恐怖が我慢できなくなって自分で死のうとすることはあるか）を聞き取ることが求められる。

⑤方法や計画が致死的か
死のうとする方法がどの程度現実的かつ致死的か、ということもリスクレベルを特定するうえで重要な情報である。先に、マシンガンと多量服薬で自殺を図るクライアントの例を挙げたように、マシンガンは入手困難ながら、いったん手に入れば危険極まりない道具である。睡眠薬は手に入りやすいかもしれないが、単独で自殺を遂げるのは実は難しい。ロープやネクタイで首を吊るとなると、道具はすぐに手に入るけれど、それを架ける場所やタイミングを計らないと、失敗したり見つかったり救出されたりしそうである。運転中にハンドルを切って死ぬとなると、本人だけでなく巻き込まれる人にとっても危険度が非常に高い。これらの情報を収集することで、具体的な予防策を検討することが可能になる。

⑥自殺未遂の既往
すでに触れたように、死にたいという思いを実際行動に移したことがあるかど

うかは、再発の可能性を測るうえで非常に重要な情報である。自殺未遂をしたことがあるクライアントの場合、その方法を聞き取ることはもちろん必要だが、それと同時になぜ未遂に終わったかを知ることが望まれる。たとえば自然と目を覚ましてしまったのか、第三者に救出されたのか。死ねなかったとわかったとき、どのように感じ、何を考えたか。心中を図った相手がいた場合は、その相手は完遂したのか。また自殺念慮が強いクライアントの場合、未遂に至った際はそれ以外の時と比べて何が違ったのか。このような情報を聞き取ると、クライアントの死のうとするアクションをより多面的に理解することができる。

　なお、いわゆるリストカット、ためらい傷といった用語を用いることは、援助職にとっては極めて危険であることをここで述べたい。仮に致死的な傷でなかったとしても、自らを傷つけるという極端な行為に出ていることは事実である。たまたまこれまで傷が浅かったからと言って、これからもその傷が深くなることはないと判断したとすれば、援助職の見解としてはかなりお粗末である。浅い傷をつけるに至った背景を把握したうえで、それが今後どう変化しうるか、十分に検証することが必要だ。100回失敗しても、101回目で成功（完遂）することは大いにありうるのである。

⑦思いとどまっている理由

　自殺リスクをアセスメントしていると、「なぜ死のうとしているか」という点にばかりつい注目してしまいがちだが、「なぜ生き続けようとしているのか」という点にも目を向けたい。一つにはカウンセラーなりソーシャルワーカーが介入する突破口とするためであるが、それ以上に自分のストレングスにクライアント自身に気づいてもらい、それを強化するためである。「子供を残して死ねない」「親より先に死ねない」「周りに迷惑をかけられない」「クリスチャンなので自殺できない」といった思いを言葉にすることは、アセスメントの情報収集であると同時にクライアントにとっての癒しであり、生きがいを再認識するきわめてパワフルな過程である。

　とはいえ、それと同時に、これはクライアントのしがらみの表明でもある。家族や信条のために死を選べないことに耐え切れなくなって、結局さらに追い詰められることもあるかもしれない。

　また「生き続ける理由」が明確であればあるほど、それが失われた時の影響は甚大である。「子供がいるから死ねない」と言っているクライアントのうつの理由がその子供の心臓病で、移植が間に合わず亡くなってしまったとしたら、自殺の危険度は一気に高まるだろう。

将来の自殺リスクを判定するうえでも、思いとどまっている理由を知ることは極めて重要であることがおわかりいただけると思う。

■他害念慮のアセスメント

一方、他害についてのアセスメントは自殺と異なり、すべてのクライアントに対して必要とは考えられていない。それは、精神疾患の影響で他害念慮のあるクライアントはほとんどの場合自殺念慮もあるため、自殺についてアセスメントをすることでかなりカバーできるからである。また、援助職として行うアセスメントに伴う第一の責任は被害者の保護であり、被害者となりうる個人が特定される自殺（加害者自身が想定被害者）と比べると被害者が特定されない他害リスクに対しての必然性はかなり低減されると考えられる。もっと現実的には、初対面の他人と話す話題として他害念慮は自殺念慮以上にハードルが高いのが事実であり、初回面接においてまずはラポール形成に努めるほうが賢明であろう。いきなり「あなたは自分を傷つけたいと思いますか？」は思いやりに聞こえなくもないが、「あなたは誰かを傷つけたいですか？」では、単なる言いがかりである。

近年、無差別殺人などの事件が多発して、メディア等でも他害のリスク要素はかなり紹介されている。たとえば、米国カリフォルニア州サンフランシスコ市公衆衛生局では、逮捕歴、過去の暴力、器物破損、動物虐待などについて聞き取ることを求めている。また、最近の研究では、過去に暴力を受けた体験、現在の暴力的環境への暴露、アルコールを含む薬物の使用の3つが暴力のリスクを高めるとしている。しかし、本論では初回面接で必要最低限のリスクをスクリーニングし、その結果当面のリスクはないと判断したことが妥当であった、ということを日常的に文書化することを目指している。連続殺人犯になりうる人物に出会う可能性は極めて低く、そのようなクライアントを早期に発見することは本論の目的ではない。そのため、リスク要素の詳細の妥当性を検討することは割愛させていただき、実際にカバーすることが望まれる内容に焦点を絞って見ていこう。

まず他害念慮を判定する必要のあるグループとして、プロフィール上ハイリスクと考えられるクライアントと、相談内容から他者を攻撃する可能性が考えられるクライアントの二種類がある。前者として考えられるのは、たとえば暴力行為により裁判所命令でカウンセリングを受けているような場合である。このような取り組みは日本ではまだまだ見られないが、アメリカでは犯罪者に対して、減刑する条件としてカウンセリングを強制的に受けさせ、コーピングスキルを身につけることで社会復帰を促すことが広くなされている。明らかに過去に暴力をふるっていて、その事実が援助者の

知るところとなっており、それが相談内容や目標に直結するのであれば、カウンセリングの時点でのリスクを判定しなければならないのは当然である。

　後者として考えられるのが、相談中に次のような話題が出た場合である。

・特定の人物に怒りを持っている
・妄想がある
・過去に破壊的行動がある

　死を考えている人がすべて死のうとするわけではないのと同様に、これらの話題を出したクライアントすべてが危険ということではない。あくまで彼らの問題の深刻度を判定することが必要とされるということである。また、援助職自らが攻撃を思いとどまらせる、あるいは阻止することを要求されているわけではないことを忘れてはいけない。自分自身の職域や責任範囲を明確に自覚することで、より冷静かつ確実に対処することが可能になる。

［消極的（受動的）他害念慮の判定］

　自殺念慮の場合と同様に、他害念慮についてもそもそもそのような思いがあるかどうかを特定する必要がある。「不幸になればいいのに」「痛い目を見ればいいのに」「死んでしまえばいいのに」のように、漠然と他者に害が及ぶことを考えている場合、その具体性やどの程度かかわろうとしているかをさらに判定する必要性が生まれる。

［積極的（能動的）他害念慮の判定］

　消極的他害念慮が特定されたら、実際に特定の相手に危害を加えようとしているか、を判定する。

　①他害意思の有無

　　まず、実際に今、第三者を傷つけようと思っているかどうかを確認する。40歳の男性が「上司が頭にくるので、ぶん殴ろうと思うことはあるけど、本当にやろうとは思いません」と話せば、現在のリスクは恐らく低いと考えることができる。もちろん、「本当にやろうとは思わない」という発言について、どの程度信憑性があるかを判断することは必要である。

　②他害のことばかり考える

　　自殺の場合と同じく、第三者を傷つけるという考えにとらわれているかどうかは、その深刻度を示す目安となる。同じことを繰り返し考える、あるいは沈思し

ている場合は、他のことで気が紛れている場合よりもリスクが高い。

③他害を考えることへの恐怖

第三者を傷つけることを恐れているかどうか、そのような考えが思い浮かぶことに恐怖心を抱いているかは、本人が他害行為に及ぶことを抑止できる（あるいはさらに能動的に抑止する）かどうかの目安である。通常、道徳的に他者を殺めることは容易に受け入れがたく、そのようなことを考えてしまうこと自体を否認、否定しようとするものである。そのため、恐怖が感じられない場合はリスクが高くなる。

④方法や計画が具体的か、致死的か

他者を傷つけたい、という思いの具体性を知ることは、リスク判定できわめて重要である。「○○のことがむかつくから、なんとか一泡吹かせたい」程度の思いを持つことは消して珍しいことではない。一方、自殺の場合と同じように、その計画や方法が具体的であるならば、実行に移される可能性が高いといえよう。また方法が、「腐った卵をぶつけたい」のか、「車で突っ込みたい」のか、被害者がこうむる被害がどの程度のものかを知ることも重要である。

⑤他害行為の既往

前述したように、ここでいう他害行為には暴力行為、器物破損や動物虐待も含まれる。自傷行為と同じように、他害においても衝動を行動に移したことがあるかどうかは、今後再びその一線を越える可能性を測るうえできわめて有用な指標である。ただし、援助者は告発するために聴取しているわけではない。詳細を聞き取ることも重要だが、むしろ何をきっかけにどの程度の行動をとったかが、再発予防を検討するうえで必要な情報である。

⑥思いとどまっている理由

自殺の場合と同じように、他害においても思いとどまっている理由を確認することで、クライアント自身が自分の状況を主体的にとらえ、行動を抑制することに能動的に取り組むきっかけを作ることができる。また、思いとどまっている理由に変化があった場合、リスクの再判定をスムーズに行うことができる。

以上、自殺と他害のリスクについてまとめた。いずれの場合にも見られたように、これらの問題行動をとどめているのはほとんどが本人の衝動抑制力である。逆に言えば、衝動抑制力が機能しなくなるような事情、たとえば飲酒、脳疾患や内分泌疾患、抑うつ状態、不安状態、絶望感などがある場合、これらのリスクは一気に深刻になるといえる。リスク判定を行う際は、リスクそのものだけにとらわれず、クライアント

自身と彼らを取り巻く状況を俯瞰的にアセスメントする必要がある。

❹ 職場として

　職場としてのリスクを考える際、参考になるのがコンプライアンス（法令遵守）の問題である。コンプライアンスとは法律や規則などのルールに従って活動することをいうが、最近ではそれ以上に社会的規範やモラルを守ることまでを含んでいわれることもある。これらの法令のなかでも援助職の業務に近いものとしてはハラスメントがある。

　ハラスメントとは「嫌がらせ」のことで、日本で最初に浸透した言葉は「セクハラ」であろう。セクハラ、すなわちセクシュアル・ハラスメントとは、職場において性的言動があった場合、それに対する相手の対応によって不利益または利益を与えたり、職場環境を悪化させたりすることである。アメリカでの多額の賠償金を巡る報道がなされる一方、1986年に男女雇用機会均等法が改正されて施行されたことで日本の職場でも他人事ではない、という意識が浸透したと思われる。また最近よく聞かれるのが、「パワハラ」である。パワハラ、すなわちパワー・ハラスメントは、職権などの力関係の差を背景に、本来の業務の範疇を超えて継続的に人格と尊厳を侵害する言動を行い、就業者の働く環境を悪化させる、あるいは雇用不安を与えることを指す。パワハラと似た「モラハラ」、モラル・ハラスメントという言葉も最近聞かれる。「アカハラ」とは、アカデミック・ハラスメントのことで、大学内で権力や地位を利用して教員や学生に嫌がらせをすることである。

　援助職の職場を考えると、対人関係のなかでもハラスメントに注意しなければならないのは援助職とクライアント、援助職以外の専門職とクライアント、クライアント同士、などがある。ハラスメントそのものは職員同士、上司と部下、場合によっては出入り業者と職員の間にも発生しうるが、それらは少なくともクライアントの記録作成とは関係がないため、本論では割愛するものとする。

　さて、ハラスメントの基本的なルールとして、受ける側がどう受けとめるかがハラスメントか否かを決定する、ということがある。つまり、ハラッサー（行為者）の意図は関係ないので、「そんなつもりじゃなかった」「好意でやったのに」と訴えたところで、受け手が「本当はすごく嫌だった」「嫌と言い出すのが怖かった」と言えば、それはハラスメントと判断されうる。さらに、10数年前であれば、10人中8、9人がイエスと言わなければハラスメントにはならなかったのが、昨今では10人8、9人がノーと言っても当人がイエスと言えばハラスメント、と判断されるようになってきている。そのため、残念ながら「言われ損」「言った者勝ち」の要素があるのも事実で

ある。しかし、赤信号で飛び出してくる車があるかもしれないからといって外を出歩かないことはないのと同様に、ハラスメントと言われるかもしれないから自分の部下とは接触しないのでは仕事が回らない。ハラスメントを起こさせないような職場づくりによる予防と、また発生してしまった場合には事態が深刻にならないうちに早期発見、早期対応をすることが必須である。

　また、ハラスメントにはその性質から、「対価型」と「環境型」と言われるものがある。これはハラスメントの種類を問わず、共通している。「対価型」とは、ハラッサーと受け手の間に何らかの「力の差」があり、ハラッサーがそれと引き換え（対価）になんらかの行為を受け手に強要するものである。「一緒に食事に行ってくれないと、次の契約どうしよっかなー」というのがそれである。考えてみれば、「水戸黄門」でも、最近の医療ドラマでも、たいがい黒幕はこの手を使って手下を引き入れている。「おぬし体の弱い母がおったな」「君、この前の手術のミス、大変だったね。本当はあんなミスする人じゃないってことは僕はよーくわかってるよ」と言われると、本意でないこともやらざるを得ない。この「本意でないが何かと引き換えにやらざるを得ない状況に追い込まれる」のがまさに対価型である。対価型のベースとなる「力の差」にはさまざまなものがある。年齢、性別、社会的地位、経済力、障害、学歴などはすぐ思いつくところだが、最近は社会が多様化しているのでほかにもいろいろな「力の差」の理由がある。たとえば既婚か未婚か、子供がいるかどうか、雇用形態、国籍や人種、宗教観、セクシュアリティなどの「違い」も「力の差」になりうる。職場での嫌がらせや、あるサービス（たとえば育児休暇）が受けられるかどうかの背景に、このような「力の差」があり、場合によってはそれがハラスメントに発展しうることを十分に認識しておくことが必要である。

　これらを踏まえて援助職の職場におけるハラスメントのリスクをアセスメントする際は、他のリスクと同様、時間軸と深刻度から評価する。

時間軸

- 過去：クライアントとの接触からさかのぼって30日、90日、1年以内と、生涯を通してリスクがあったか。
- 現在：リスクが現在も継続しているか
- 未来：リスクがいつまで継続するか、直近でリスクが悪化する可能性があるか。

深刻度
・心身の安全が脅かされているか？ ・訴えがどの程度現実的か？ ・想定される被害はどの程度か？

　虐待の場合と同様に、ハラスメントのアセスメントにおいても二次被害を防ぐよう、十分留意することが望まれる。

❺ リスクアセスメントを文字化する

　ここまで自傷他害、虐待、ハラスメントのリスクアセスメントについて見てきたが、そのアセスメントの結果を文字にして、その後の支援計画の裏付けにしなければリスクを拾いあげたことにはならない。その際に注意すべき点は次のとおりである。

［客観的事実をコンパクトに記録する］

　記録に残すという観点では、これらの要素についての聞き取りの事実と結果をできるだけコンパクトに記載することが望まれる。

　すでに述べたように、だらだらと面接結果を書いたのでは業務のクオリティに疑問符がつくだけでなく、後から読む第三者にとって極めて不親切で非効率的な情報になってしまう。必要な情報を客観的に記録することが必要である。通常のアセスメント以上に、クライアント自身の発言を引用することも必要であろう。

［援助者の主観を投影しない］

　援助者の主観が最も強く反映されうるのが、リスクに対するアセスメントと介入についてだと思われる。「〇〇に違いない」「〇〇すべき」といった意見が頭をもたげがちなのだ。クライアントが危険に直面しているのだから、それをなんとかしてあげたいと思うこと自体は自然なことである。しかし、それが単に援助者個人の「思い入れ」なのか、専門家としての所見なのか、十分に精査することが必要である。虐待やハラスメントが疑われる時、そうだと断定して早計にそのような言葉を使っていないか、その用語を関係者間で真っ先に使うだけの責任を負う覚悟があるか。あるいはそのような用語を使うことで関係者を見誤らせることはないか、それが本人への支援を一番効果的に提供することに本当につながっているのか。これらを十分に検証したうえで文字にすることが望まれる。

［継続的にアセスメントする］

　リスクについてのアセスメントは1回だけで終えるものではない。自殺企図や自殺念慮、あるいは他者に対する攻撃の意図、企図があった場合には、一定の期間そのリスクの変化をモニタリングする必要があり、その実行プランまでが記録に残されていることが望ましい。援助職には、自傷他害のリスクには波があるということが知見として蓄積されているからだ。虐待やハラスメントについても、すぐに介入せず情報収集を図るとなった場合など、継続的なアセスメントを行って、リスクの変化に速やかに対応することが必要である。

　一度やばいと思ったら、その後もフォローする必要を明文化し、アセスメントを随時アップデートして記録に残す。こうすることで初めて、記録が単なるリスクヘッジではなく、クライアントへの効果的な介入のツールとして生きてくるのである。

第4節
問題を解決するための支援計画を作成する

　情報を収集し、それをもとに総合的に見立てをしたら、いよいよどのように介入するかの計画を作成する。支援計画の書式については、職場ごとに求められる要素が多岐にわたる。ここでは一般的な指針について解説し、書式の具体例と目標の策定については広範に述べるものとする。

1. 望ましい支援計画とは

　援助職と呼ばれる業務に携わる人間にとって、「支援」とは提供することが期待されているサービスの根幹である。情報収集やアセスメントのプロセスは利用者からは目に見えないので、「どのように支援するか」を提案する段になって初めて、援助職とかかわった成果、甲斐を実感することとなる。医師であれば「治療計画」であり、処方箋や手術など、具体的にどのような治療をするか、というロードマップのことである。医療行為のようにサービス内容が明確でない援助職にとって、支援計画に必要な内容とはどんなものだろうか。
　たとえば居酒屋のメニューを考えてみよう。最近の居酒屋はマニュアル化されているので、客の様子を見て対応を変える、ということはあまりないかもしれない。しかし、ランチに入れば定食のメニューが出てくるし、女性ばかりのグループで行けばレディースプランの案内をしてくれる。「今日のお勧めは？」と店員に聞けば、「刺身はいいアジが入ってますよ」とか、「飲み放題、お得ですよ。ただ、2時間制限付きなんで、そこんとこお願いします」と答えてくれるだろう。
　この居酒屋での最初の数分のやりとりから学ぶところは、ニーズアセスメントと、選択肢の提案、そしてコンシクエンス（consequence）の提示である。ニーズアセスメントはすでに見たとおりで、目の前にいる人がどういうものを必要としているか、

情報収集して速やかに全体像を把握するというプロセスである。選択肢の提案は、単純に数多くのメニューを見せるだけでなく、従業員としての知見に基づいて「特にこれとこれ」を示すという点である。もちろん、店の利益もそこには加味されているだろうが。

最後のコンシクエンスとは、日本語では帰結、結果、因果関係と訳される。ある状況や行動により生み出される結果、という意味である。日本語で「結果」というと、「結果を出す」といった表現もあるように、肯定的なニュアンスが含まれる。しかしコンシクエンスはむしろ、よい場合も悪い場合もひっくるめた中立的な結果を指す。説明責任にうるさいアメリカでは非常に頻繁に使われる言葉だが、日本語だとなかなかしっくりこないかもしれない。しかし、最近は日本でもコンシクエンスが提示されるようになってきた。たとえば、タバコを買うと、「喫煙は、あなたにとって肺がんの原因の一つとなります。」などと箱に書かれているが、この「たばこを吸うことが害になる」という残念な「結果」がコンシクエンスである。これを最初にお知らせしますので、その点了解の上で、それでもよければ吸ってください、というところまでやらなければ製造者責任は果たせない、と時流は変わってきている。

居酒屋の例でいうコンシクエンスは、「飲み放題にすれば飲み代はお得、でも2時間で追い出されますよ」という残念なお知らせで、それを前もって知らせているということが極めて重要である。なぜならお客は、2時間で追い出される、というダウンサイド（否定的側面）を検討したうえで、オーダーを決定できるからだ。

援助職が支援計画を作成する際も、「これをやるとこんないいことがありますよ」「これをやらないと大変なことになりますよ」だけではなく、「これをやるとこういう弊害もありえますが、それでもやる価値はあります」とクライアントに率直に伝えられることが望まれる。

(1) ゴールと手段を混同しない

計画を策定する上で一番重要なことは、ゴールと手段を混同しない、ということである。よく見る支援計画に、ゴールが「断酒」になっているものがある。しかし、断酒が目標の人生、というのは考えただけでも哀しい。毎日いかに酒を口にしないかだけが日々の気がかり、では、断酒が続かないのも無理はない。断酒は本来、生活を立て直し、実りある人生を取り戻す手段であって、ゴールではないのだ。断酒に成功して、仮に家族と一緒に暮らすようになったとして、酒に逃げ込むことなしに家族とどうやって向き合うか、本当の問題解決はそこからである。

同じことは「復職」にもいえる。過重労働でうつになって休職している従業員を支援するとき、ついつい復職をゴールに考えてしまうが、復職はあくまで通過点である。いざ復職したら休職中の遅れをどうやって取り戻すか、以前のようなペースで仕事ができないならどうやって残りの会社人生を送るか、という課題のほうがはるかに大きく、それにどう取り組むかを本人が考えられるよう支援することが必要なのである。

　ゴールと手段を混同しない、というのは単に言葉の問題ではない。断酒や復職がうまくいかない時、それをゴールにしているとそこで手詰まりになってしまう。しかし、本来の目標は「家族と仲良く暮らす」「生きがいを感じて生活する」ということである。仮に断酒に失敗しても、酒を飲み続けても家族と仲良く暮らす方法があればそれを考えればよい。あるいは復職できずに仕事を辞めても、生きがいを感じる方法はあるかもしれない。ゴールと手段が峻別されていれば、他の選択肢を検討するという手続きをスムーズに進めることができるのである。

　「どう考えても断酒しないと家族とは仲良くできない。家族はあきらめられない」「この会社で復職しないと後がない。ごちゃごちゃ言ってたら生活できない」と開き直らせることができれば、ある意味しめたものである。ゴールを再認識させることで、問題解決への取り組みを向上させることにもつながるのだ。

(2) 長期的ゴールと短期的ゴールを設定する

　断酒や復職はゴールではない、と書いたが、「家族と仲良く暮らす」「生きがいを感じて生活する」という目標はあまりに大きくて、一つ一つの介入と関連付けることが難しいだろう。目標を日々の支援に落とし込むためには、長期的ゴールと短期的ゴールを有機的に策定することが必要である。

　通常、長期的ゴールは1～5年、短期的ゴールは3～6か月という時間枠が想定される。長期的ゴールを設定し、それを実行するための長期的手段を決定、この長期的手段を短期的ゴールに落とし込んで、その短期的手段を決定する、という組み立てになる。援助職が実際にかかわるのは、この短期的手段の部分であるが、それをたどっていくと常に長期的ゴールにつながる、という仕組みにしておくことが重要だ。所属する機関によってクライアントにかかわる期間は変わるので、時間枠は変動する。場合によっては長期的ゴールと短期的ゴールをつなぐ中期的ゴールが必要になることもある。

　たとえば断酒しようとしている事例を考えると、長期的ゴールの「家族と暮らす」ことを実現するのに1年かかるとして、それまでに①断酒すること、②家族としらふ

で話せるようになることが必要だとする。するとこれらが長期的手段になり、それをさらに短期的ゴールに落とし込む。つまり、①②が可能になる体制を短期的に整えることがゴールになる。そのうえで、これら短期的ゴールを達成する手段を挙げ、援助職が介入していく。①断酒については、向こう３か月で、１）医療体制を整え、必要であれば入院などの治療を手配し、２）断酒会やＡＡ（アルコホリック・アノニマス）に紹介してピアサポートが得られるようにするとともに、問題飲酒について検討できる機会を作る。また②家族としらふで話せるようになるために、１）個人カウンセリングに紹介してこれまでの課題を検討し、２）適切なコミュニケーションのスキルを身に付けられるように手配する、ということが支援計画になる。

長期的ゴール（1年）		家族と仲良く暮らす
	長期的手段	1）断酒する
		2）家族としらふで話せるようになる
短期的ゴール①（3か月）		断酒する
	短期的手段	1）適切な医療を受け、必要であれば入院治療を受ける
		2）断酒会やAAで問題飲酒に向き合い、ピアサポートを得る
短期的ゴール②（3か月）		家族としらふで話せるようになる
	短期的手段	1）個人カウンセリングに紹介してこれまでの課題を検討する
		2）適切なコミュニケーションのスキルを身に付ける

（3）客観的で具体的、数値化できるゴールを策定する

　ゴールを策定する際にぜひ心掛けたいのが、だれが見てもわかるようなものにする、ということである。そうすることで、自分たちでのモニタリングも、第三者との共有も容易になる。そのために、客観的で具体的、かつ数値化できる尺度をゴールに取り入れたい。

　スポーツジムに入会すると、まず体重測定と体中のサイズを図ることから始まる。スタートがわからなければ肉体改造はできない、というより、できているかどうかもわからないからだ。そうそうボディビルダーのような体にはなれないから、少しずつの変化でも気づけなければモチベーションは維持できない。

　支援目標についても同じことがいえる。支援目標というと「元気になる」「幸せに

なる」「生きがいを感じる」などにしがちだが、このような漠然としたゴールは非常に使い勝手が悪い。なぜなら、元気や幸せの基準は人によってさまざまで、他の人とすり合わせることが難しいからだ。しかも、同じ人間でも時間がたってしまえば、「元気になる」と決めた時と今を比べることは簡単ではない。目標が明確でないと、実施した手段の効果を評価して、必要に応じて軌道修正することも難しくなる。

支援を効果的に行うためには、ゴールを客観的で具体的なもの、しかもできれば数値化できるものにしたい。たとえば「元気になる」というのを、「10点満点で2点から6点にする」という具合である。さらに、2点がどういう状態を指して、6点で目指す状態がどういうものかを具体化できるとより明確な目標になる。「家族と話す気がゼロ、でも死にたいほどではないのが2点。家族に声をかけて、しらけられても流せるのが6点」と行動レベルに落とし込めると、目標が非常にわかりやすくなる。

先ほどの支援計画に、数値と行動を追記してみた。口論を2回に減らす、と書くためには、現在どの程度喧嘩しているかを知る必要がある。クライアント自身も「口を開けば喧嘩ばかり」とぼんやりととらえているかもしれないが、数値化するよう促すことで意識が高まり、変化にも気づけるようになる。また、頑張りすぎて続かなくなることがないよう、通院やカウンセリング、断酒会の回数は現実的な数字を設定している。

長期的ゴール（1年）		家族と仲良く暮らす。口論を月2回に減らす。
	長期的手段	1）断酒する 2）家族としらふで話せるようになる
短期的ゴール①（3か月）		断酒する、飲んでもそのまま飲み続けないようにする。
	短期的手段	1）適切な医療を受け、必要であれば入院治療を受ける。月2回通院する。飲んでしまったらすぐに受診する。 2）断酒会やAAで問題飲酒に向き合い、ピアサポートを得る。AAと断酒会にそれぞれ月1回参加する。飲んでしまったら2日以内にどちらかに参加して発言する。
短期的ゴール②（3か月）		家族としらふで話せるようになる。毎週家族の誰かと30分話す機会を持つ。
	短期的手段	1）週1回の個人カウンセリングに紹介してこれまでの課題を検討する。 2）適切なコミュニケーションのスキルを身に付ける。コミュニケーションのトレーニングに月1回参加する。

(4) 箇条書きにする

すでに例で見ていただいている通りだが、支援計画は箇条書きにするほうがより機能的である。無理やり長い文章にすることに特段メリットはないし、何より、振り返ったときに実行できたものから消し、必要に応じて書き加えることができる。ゴールを修正する必要があれば、その項目だけ新たに設定すればよい。また、できるだけ「○○する」「○○できるようになる」という言い回しを使って、目標を能動的にする。そうすることで、問題解決に主体的に取り組むことを促せる。

			3か月	6か月
長期的ゴール(1年)		家族と仲良く暮らす。口論を月2回に減らす。	未了	
	長期的手段	1) 断酒する	未了	
		2) 家族としらふで話せるようになる	未了	
短期的ゴール①(3か月)		断酒する、飲んでもそのまま飲み続けないようにする。		
	短期的手段	1) 適切な医療を受け、必要であれば入院治療を受ける。月2回通院する。飲んでしまったらすぐに受診する。	○月○日 受診	
		~~2) 断酒会やAAで問題飲酒に向き合い、ピアサポートを得る。AAと、断酒会にそれぞれ月1回参加する。飲んでしまったら2日以内にどちらかに参加して発言する。~~		
		2)-r AAに月2回参加する。飲んでしまったら2日以内に参加して発言する。断酒会はスケジュールが合わないので参加しない。	○日、○日 参加	
短期的ゴール②(3か月)		家族としらふで話せるようになる。毎週家族の誰かと30分話す機会を持つ。	○回 実施済	
	短期的手段	1) 週1回の個人カウンセリングに紹介してこれまでの課題を検討する	実施中	
		2) 適切なコミュニケーションのスキルを身に付ける。コミュニケーションのトレーニングに月1回参加する。	○回 参加済	

(5) アセスメントに合致したゴールを設定する

ゴールはアセスメントに基づいて設定されていなければ意味がない。逆に言えば、一見同じようなゴールが設定されていても、それが適正なアセスメントに基づいてい

れば、援助職の専門的所見に基づいた妥当な提案だと言うことができる。

　美容院で、さらさら直毛のお客にドレッドヘアをすすめるのは見立て違いである。しかし、腕にギブスをしているお客と「イメチェンしたい」と言っているロングヘアのお客、それぞれにショートヘアを薦めることはあるだろう。前者は、片手が使えなくてシャンプーもままならない顧客の負担を物理的に低減するためである。一方後者は、顧客の心理的ニーズを満たし、よりファッションに合うスタイルを提案している。結果として薦めるスタイルが同じでも、美容師がそれぞれの顧客の背景を検討して、知見に基づいて提案をしている。それぞれの顧客にその理由がきちんと理解されていれば、「あの店に行ったらやたら短く切れって言われる」という噂になることもないだろう。

　援助職がゴールを提案する際も、ゴールそのものの妥当性は重要だが、それと同様に根拠に基づいていることが必須である。

(6) クライアントの要望を取り入れる

　目標を立てる時に援助職主導でやってしまうと、なかなかクライアントは実践しないものである。後になってなぜやらなかったのか尋ねると、「やれって言われたから」、なぜやりたくもないのにやると言ったのかと聞けば、「せっかく考えてくれてるのに、断るのは悪くて」「嫌って言える雰囲気じゃなくて」「先生は専門家だから、言うこと聞けば間違いないと思って」という答えが返ってくるかもしれない。

　この場合、問題は、クライアントが問題を自分のこととして主体性をもって捉えていない、ということである。クライアント自身に責任を持って問題解決に取り組ませるために、クライアントの要望を、できるだけクライアントの言葉で取り入れたゴール設定が望まれる。ビジネスの世界では buy-in とも言われるが、クライアントの言葉を入れることにより、問題解決を自分のこととして「引き受けさせる」ことが可能になる。クライアントの言葉をそのまま入れるのであれば、引用符（カギカッコ）をつけると意図が明確になる。

			3か月	6か月
長期的ゴール（1年）		家族と仲良く暮らす。口論を月2回に減らす。	未了	
	長期的手段	1）断酒する	未了	
		2）家族としらふで「酒抜きで」話せるようになる	未了	
短期的ゴール①（3か月）		断酒する、飲んでもそのまま飲み続けないようにする。		
	短期的手段	1）適切な医療を受け、必要であれば入院治療を受ける。月2回通院する。飲んでしまったらすぐに受診する。	○月○日受診	
		2）AAに月2回参加する。飲んでしまったら2日以内に参加して発言する。断酒会はスケジュールが合わないので参加しない。	○日、○日参加	
短期的ゴール②（3か月）		家族としらふで話せるようになる。毎週家族の誰かと30分話す機会を持つ。妻とは趣味の話、息子とは部活の話、娘とはバイトの話をする。	○回実施済	
	短期的手段	1）週1回の個人カウンセリングに紹介してこれまでの課題を検討する	実施中	
		2）家族に話しかけるために、適切なコミュニケーションのスキルを身に付ける。コミュニケーションのトレーニングに月1回参加する。	○回参加済	

第5節

計画の実施、フォローアップとモニタリングをする

　支援計画を立てたら、具体的な支援を開始する。実際の支援で物理的に割かれる時間や面接回数は、計画の策定よりもその実施のほうが圧倒的に多い。つまり、記録を作成する機会も多いということである。援助職を目指す多くの人にとって、おそらくここまでは「できたらやらずにすませたいこと」で、ここからが「本来やりたかったこと」であろう。やりたいことというのはついつい我流になりがちで、支援の内容はもちろん、記録作成も「専門職として本当に必要なこと」を峻別し遂行するのは難しいものである。ここでは、記録という視点から業務として必要なことをまとめていく。

1. 計画を実施する

　支援計画を設定したら、その計画に沿って支援を提供する。良い支援計画が策定できていれば、支援活動一つ一つの是非はそれと照らし合わせるだけで明白である。
　デリバリー（各支援活動）の必然性を論証するためには、オーダー（支援計画）と関連付ければよいわけで、それを記録に残すことが望まれる。毎回のセッションで支援計画に言及する必要はおそらくないが、年に1回支援計画を見直すことになっていたとして、その見直しの時にしか実施状況を確認しないのは問題であろう。計画に沿ったサービスが提供されているとは言い難いし、そもそもそんなに顧みられない計画を立てたのであれば、計画自体の妥当性が疑われる。
　第4節で作成した支援計画に沿って記録するとすれば、次のようになる。

例：○月○日　面接に際し、短期ゴール①の断酒の継続について検討した。手段1）の月2回の受診は継続しており、前回は○日、次回は○日とのことだった。　P　今後支持的環境を設定し、加療を継続できるよう、心理的支援を提供する。次回面接

○月○日。次回までに主治医にフォローの連絡を入れて連携する。

2.フォローアップとモニタリングをする

　支援計画には援助職が直接提供しないサービスも多く含まれる。医療的介入はもちろんだが、心理カウンセリングやコミュニケーショントレーニングも、場合によっては他の専門職に紹介する必要がある。ケースマネジメントあるいはケースワークの基本としては、サービスを直接提供することがなくとも、その調整を行うことでクライアントに適切なケアが提供されるようにすることが望まれる。そのため、記録作成においても、紹介や調整がきちんと行われているかの確認の過程が残されていることが必要である。

　また、単にリファーをしっぱなしにするのではなく、紹介した先でオーダー通りのサービスが提供されているか、計画に沿った支援がされたとして、それが問題の低減あるいは解決に役立っているか、モニタリングをする必要がある。リファー先が得意分野のサービスを提供しているからといって、あるいは本人がサービスを受けて（少なくともその時に）ハッピーだからといって、それが問題解決につながっているとは限らない。

　たびたび例に挙げたように、過重労働からうつを発症した従業員に、コーピングスキルを身につけてほしくてカウンセリングにリファーしたのに、長年の父親との葛藤についての内省を深めて終わり、ということはメンタル疾患による休職者の復職支援の際にしばしば見られる。問題の理解を深めることには意義があり、本人にもカウンセラーにもそれなりの達成感があるかもしれない。しかし、再発予防ができなければ職場の戦力としてまた仕事を任せることはできないし、そのカウンセリングは職場の期待からは外れてしまっているといえよう。この場合、クライアントの短期ゴールは「負荷がかかっても仕事が続けられるようになる」ことであり、カウンセリングはその手段として、具体的なセルフケアのテクニックを学ぶ場である。本人の打たれ弱さの背景に父親との葛藤があったとしても、それを理解することと仕事のノルマをそれなりにこなせるようになることとの間には、かなりのステップがある。職場としては葛藤があろうがなかろうが仕事を任せられる従業員がほしいのが本音であるし、そもそも葛藤は個人的課題であり、職場としては知らなくてもいいことである。また逆に、葛藤のある人がみんな負荷に耐えられないということはもちろんなく、葛藤を克服するかどうかは各人の自由である。職場は成果を出してもらうために従業員に対して支

援を行うのだから、職場が負担するカウンセリングで「再発予防のスキルを身につける」ことは当然であろう。

　方向性の確認と軌道修正は、援助職が直接サービスを提供している場合にももちろん必要であるが、複数の専門職が介入していればなおのこと重要である。ケースワークの全体を調整している者として、関係者間での連絡を密にして、ゴールと期待値を共有化し、介入の進捗とゴールの達成度合いを確認する。ゴールが達成されていない場合には手段を見直し、本当にそのゴールが本人にとって有用か、再検討するために定期的な連絡やケースカンファレンスをファシリテートすることが望まれる。

　第4節の支援計画に基づいたカンファレンスの記録例は次のとおりである。

例：○月○日　主治医との定例会議。○日に受けた進捗報告を不参加のカウンセラーにかわって主治医と共有化。短期ゴール①本人より、断酒は継続しているとのこと。1）主治医より、通院は継続されており、状態は安定しているとのこと。2）本人より、ＡＡの参加は継続しているとのこと。短期ゴール②本人より、まだ妻としか話せていないとのこと。1）カウンセラーより、飲酒行動と課題の関連について内省が深まってきていると報告があった。2）カウンセリングセンター主催のコミュニケーショントレーニングには欠席せずに参加しているが、ほとんど発言がないとカウンセラーより進捗報告。[P] 短期ゴール①は手段が活用されている。②は活用が十全でないので、次回面接で本人の意向を確認するとともに、できていることについてポジティブなフィードバックをして心理的支援を提供する。主治医からも社会資源の継続的活用を促していただけるとのことだった。次回定例会議○月○日。

第3章

実践で活用できる
記録のフォーマットと
表現集

第1節

実践で活用できる記録のフォーマット

　ここまで、記録の内容について述べてきた。ここからは日々の業務に応用できるような、効率的なフォーマットをいくつか紹介する。

1.SOAPノート

　SOAPノートは、日本でも医療現場で広く用いられている形式である。アメリカでは医師だけでなく、さまざまな医療関連の専門職がそれぞれSOAPで記録を残している。後述するようにSOAPの弊害も指摘されているが、職種をまたいで広く認知されている点、専門家が残すべき記録形態の基本として、SOAPを紹介する。
　SOAPとは、Subjective（主観的情報）、Objective（客観的情報）、Assessment（アセスメント）、Plan（プラン、治療・支援計画）の頭文字をとったもので、4つのパートから成る。

(1) Ⓢubjective（主観的情報）

　Subjectiveはクライアントからの情報をいう。主観的とは、クライアントから見て主観的、という意味である。いわゆる主訴はここに入るが、主訴以外のクライアントの訴えもここに入る。たとえば、「仕事のことで相談に来ました」という若手営業マンの話をよく聞くと、「上司から指導が厳しくて、最近は朝お腹が痛くなる」と言われたとする。主訴が仕事なのか、パワハラによる体調不良なのか、文字にするほうには悩ましいところであるが、SOAPでは、とりあえず両方Sに入れる。
　またSには、場合によっては実証できない情報も入りうる。たとえばクライアントが「わたしはさる高貴な家の生まれで」とか、「ウィンブルドンに行ったんですよ」

とか、「家に帰るといつも誰かに荒らされた跡がある」などと訴えた場合、事の真偽は定かではない。しかし、クライアントが精神症状を呈している可能性を示唆する重要な情報で、かつ、介入の際に効果的に使うことでコンプライアンスを高められるかもしれないと考えられれば、Sに記載しておく。ただし、これまで見てきたリスクを考えると、本人の言であると明確にするために、引用符を使うことが望ましい。

(2) Objective（客観的情報）

　Objectiveは援助職自身が観察して得た情報である。クライアントから見て客観的、という意味で、Objectiveとされる。クライアント以外からの情報であるので、他の専門家や家族からの情報もここに入れる。医療チームから回ってきた情報（たとえばカルテの"患者情報"による個人的情報）で支援計画の作成に有用なものは、Objectiveに入れる。

　これまでに研修等で援助職の方にSOAPを紹介してきて、皆さんが非常に混乱されるようなのがこのObjectiveである。特に医療機関のソーシャルワーカーや介護職の方たちの場合、クライアント自身は話すことができないなど、家族からしか情報が得られない場合がままある。医療支援室であれば、母親の介護に疲れた嫁の話を聞いていたら、嫁も最近うつ気味で酒なしには眠れないという話になってしまった、ということも珍しくはない。このような事例で、家族からの報告や家族自身の相談内容を、話者自身の主観的情報だからとSubjectiveに書こうとされる方が多いのである。実際の病院なり機関内での運用方法はさておき、SOAPを使う上で家族のコメントをOに記載することのメリットは次の2点である。

　まず、そもそもSとOを分けて記載する目的は何か。それは、クライアント自身が問題をどう捉えているかを明確にすることである。仮に認知症のおじいちゃんに「調子はどうですか？」と聞いて、「ばっちりじゃ」と言われたとする。でも実際は徘徊したり、トイレの始末ができなかったりして、ADLは著しく減退し、介護者の妻からは「先月よりもうんと悪くなってます」と訴えられる。このように、本人の問題意識が低く、その分介入へのコンプライアンスが低いこと、また周囲がそれを補おうとして疲弊していることが、SとOの乖離から推察することができるし、それに対する支援のニーズを明確にすることができる。

　また、カルテには当然のことながら本人の名前が記載されているから、その人以外の言い分を「主観的情報」として記載することには問題がある。そこで、家族からの有用な情報を関係者と共有したい場合、Oとすれば同じカルテに書くことができるの

である。

(3) ⒶssessmenT（アセスメント、見立て）

　支援計画を立てるにあたって、援助職が問題をどうとらえるかを言語化したものがアセスメントである。医者であれば処方を出す（P）ための診断（A）が見立てになるし、配管工であれば水漏れの修理の見積もり（P）の裏付け（A）が見立てである。つまり、「診断」とは専門家が下す判断、あるいは所見のことである。援助職にとっては、クライアント自身または彼らが抱えている問題に関する印象や解釈を指す。

　バイオサイコソーシャルアセスメントを参考に、支援計画の裏付けとなる見立て、根拠、所見を言語化し、第三者に伝えることを目指す。

(4) Ⓟlan（支援計画）

　すでに見たように、目標と手段を混同しない、長期的ゴール（1〜5年）と短期的ゴール（3〜6か月）を設定する、客観的で具体的、数値化できるゴールを策定する、箇条書きにする、クライアントの要望を取り入れ（Buy-ins）主体性を持たせる、といったことに留意して、実際の支援活動とシンクロする支援計画を策定する。また、策定しっぱなしにせず、実際の支援がゴール達成に向かっているか、記録で言及することが望まれる。

(5) SOAPの例

　SOAPのフォーマットに親しむために、まず悪い例を添削してみよう。
　自分の同僚や部下が書いている、あるいは自分や自分の家族が書かれている、という視点で、「これは問題だ」と思う箇所を指摘していただきたい。

例1／元の記録

S：夫がドラッグディーラーで、売春の斡旋もしている。女子高生をマンションに頻繁に連れ込んでいる。自宅がワンルームなので、めちゃめちゃ居心地が悪い。ユニットバスで、シャワーを使っているとトイレに入れないと蹴られる。夫と女の子と3人で寝ないといけないこともある。周りが気になって全然眠れない。

O：29歳既婚女性。子供なし、背が低く、太っている。薄汚れたジャージの上下。とっぴでケバい化粧で、髪も不潔。尿のにおいがひどい。べらべらと話すが、話が要領を得ず、質問してもとんちんかんな答えしか返ってこない。今回なぜ来談したかたずねると、「考えると疲れる」という。受診歴をたずねると、「今の医者は話し全然聞いてくれない」とのことだった。

A：夫によるDVのため、抑うつ状態に陥って不眠になっている。相談相手がいなくて悩みを自分だけで抱えており、また自宅で休めないので不安が強くなっている。

P：夫の違法行為（薬物売買、売春斡旋）とDVをやめさせるために、クライアントにアサーションを紹介する。また相談相手として夫を活用できるよう、支援する。医療フォローのために医療機関を紹介する。

問題がある、あるいは気になるところとして、次のような個所が挙げられる。

▼

例1／気になる箇所

S：夫がドラッグディーラーで、売春の斡旋もしている[1]。女子高生[2]をマンションに頻繁に連れ込んでいる[3]。自宅がワンルームなので、めちゃめちゃ[4]居心地が悪い。ユニットバスで、シャワーを使っているとトイレに入れないと蹴られる[5]。夫と女の子と3人で寝ないといけないこともある。周りが気になって全然眠れない。

O：29歳既婚女性。子供なし、背が低く、太っている[6]。薄汚れた[7]ジャージの上下。とっぴでケバい化粧[8]で、髪も不潔[9]。尿のにおいがひどい[10]。べらべらと[11]話すが、話が要領を得ず[12]、質問してもとんちんかんな[13]答えしか返ってこない。今回なぜ来談したかたずねると、「考えると疲れる」という。受診歴をたずねると、「今の医者は話し全然聞いてくれない」とのこと

だった。[14]

A：夫によるＤＶのため[15]、抑うつ状態に陥って[16]不眠になっている。相談相手がいなくて[17]悩みを自分だけで抱えており、また自宅で休めないので不安が強くなっている[18]。

P：夫の違法行為（薬物売買、売春斡旋）とＤＶをやめさせる[19]ために、クライアントにアサーション[20]を紹介する。また相談相手として夫を活用できるよう、支援する[21]。医療フォローのために医療機関を紹介する[22]。

1 第三者に関する記載なので不要、しかも誹謗中傷する内容である。
2 いかにも三面記事的表現で、記録には不適切。
3 同じく、三面記事的である。
4 クライアント自身が使った表現かもしれないが、くだけていて記録には不適切。
5 蹴られているのがユニットバスのドアなのか、クライアントなのか、クライアントにどのような危険が迫っているのか、不明確な表現である。
6 クライアントを誹謗中傷する表現。
7 汚らしくてうんざりしたことは想像がつくが、汚れ方がよくわからず不明瞭な表現。
8 あくまで自分の好みと異なっているだけかもしれない。表現の工夫が必要である。
9 「も」というところにうんざりしている様子がうかがえるが、客観的でない。
10 臭かったことはわかるが、客観的とは言えない表現である。
11 話が途切れないのはわかるが、様子がよくわからないので不明瞭。
12 同じく、受け答えがスムーズでないことはわかるが、特徴をとらえていない。
13 同じく、面白い表現だが臨床的特徴が伝わらない。
14 本人の言なので、ＯではなくＳに入れる。
15 ＤＶというキャッチーな表現を使っているが、根拠がＳ、Ｏに十分に描かれていない。
16 抑うつ状態と判断できる要素がＳ、Ｏで描かれていない。
17 相談相手がいるべきである、という記録者の価値観が投影されている。
18 休めないことにより不安が悪化しているという根拠がＳ、Ｏに描かれていな

い。
 19 第三者の行動を変えることを目標にするのは不適切である。また第三者に対して「違法行為」と断定することは不適切である。
 20 DV被害者へのアプローチとして、アサーションは禁忌である。
 21 クライアントに危害を加える人物を資源として活用するという判断は不適切。
 22 すでに受診しているようなので、安易に他の医療機関を紹介することは好ましくない。

指摘箇所を踏まえて書き換えた例は、次のとおりである。

▼

例1／修正例

S：家族との関係についての相談。頻繁に来客があるが自宅がワンルームで、自分のスペースがなく居心地が悪い。風呂とトイレが一つのためゆっくり使えない。就寝時も周りが気になって全然眠れない。「今の医者には話を聞いてもらえない」。来談理由については「考えると疲れる」。

O：29歳既婚女性、子供なし。ふくよかで小柄。食べ物や染みのついたジャージの上下で来談。華やかで個性的な化粧。髪が汚れていて、尿と思われるにおいがする。多弁であるがこちらの質問には答えず、話の流れがわかりづらい。

A：結婚しているが、家族関係に満足していないようである。服装や身だしなみから、年齢に見合ったセルフケアが十分でないことがうかがわれる。同居家族が資源として機能しておらず、住居スペースが十分でないことが、睡眠不足や意思疎通困難など肉体的・精神的体調の不安定さ、セルフケア能力の減退に影響していることが考えられる。受診しているものの主治医を十分に活用できていない可能性がある。

P：年齢に見合ったライフステージの課題に向き合えるよう、1年後に生活を安定させるために、
　1. 資源を活用して問題を低減する。関係機関が連携し、3か月で本人が体調を安定させる方策を身につけられるよう支援する。
　　 i. 症状マネジメントのために本人の同意を得て速やかに主治医と連携する。継続して1か月に1回情報共有し、進捗を確認する。

ii. セルフケアを補完するために、住環境を見直し、社会資源のリファーの必要性を3か月をめどに吟味する。
　　iii. 適切であれば、家族からの支援について3か月をめどに調整を図る。
2. 本人のセルフケア能力を強化して充実させ、6か月で対人関係を形成するスキルを身につける。
　　i. 2週間に1回傾聴し、支援的環境を提供する。
　　ii. 適切であれば、SST、コミュニケーション訓練などを提供・紹介する。

例2／元の記録

S：結婚したい。友達がいなくてさびしい。近所のヤンキーが暴れてうるさいので、見回りしている。父親からいつも結婚するようにプレッシャーをかけられている。保健師からは、父親は20年前に借金苦で自殺しているという情報あり。ずっと治らない病気になって、長男として申し訳ない。

O：35歳未婚男性。チビで太っている。くせ毛がぼーぼーに伸びていて、無精ひげで不潔な印象。パンクな服装で、人を寄せ付けない感じ。質問への答えが回りくどく、関係ない話ばかりする。こちらが話しているときに急にぶつぶつ言ったり、にやにや笑ったりして不気味。

A：統合失調症。治療が不十分なのでは。セルフケアが十分でない。

P：友人を探せるよう、デイケアに紹介する。父親との親和性から自殺することがないよう、モニタリングする。医療フォローのために医療機関を紹介する。

気になるのは、次の箇所である。

▼

例2／気になる箇所

S：結婚したい。友達がいなくてさびしい。近所のヤンキー[1]が暴れてうるさいので、見回りしている[2]。父親から[3]いつも結婚するようにプレッシャーをかけられている[4]。保健師からは、父親は20年前に借金苦で自殺しているという情報あり。[5]ずっと治らない病気になって[6]、長男として申し訳ない。

O：35歳未婚男性。チビで太っている。[7] くせ毛がぼーぼーに[8]伸びていて、無

精ひげで不潔な印象[9]。パンクな服装[10]で、人を寄せ付けない感じ[11]。質問への答えが回りくどく[12]、関係ない話ばかりする。[13] こちらが話しているときに急にぶつぶつ[14]言ったり、にやにや[15]笑ったりして不気味。[16]

A：統合失調症[17]。治療が不十分なのでは。[18] セルフケアが十分でない[19]。

P：友人を探せるよう、[20] デイケアに紹介する。父親との親和性から自殺することがないよう[21]、モニタリングする[22]。医療フォローのために医療機関を紹介する。[23]

1　表現が具体的でない。誰がうるさいかが問題ではなく、音が聞こえていることが症状と思われるので、書き方を工夫する。
2　奇異な行動、認知に関するキーワードであれば、引用符を使う。
3　本来第三者に関する記載はできるだけ避けるべきである。この場合、亡くなった父親の声が聞こえている、長男として父親に対する思慕が影響している、ということがポイントと思われるので、あえて書いている。
4　本人の表現でキーワードとして残したいのであれば、引用符などを使って明確にする。
5　保健師からの情報であれば、SではなくOに書く。
6　あくまで本人による理解であることがわかるように、引用符を使う。
7　例1と同じ。誹謗中傷する表現なので、書き方を変える。「チビ」とあえて片仮名で強調している印象を与える。
8　見た者がうんざりしている様子はうかがえるが、解釈の余地の少ない表現を選ぶ。
9　「無精ひげ」ではファッションとも取れる。印象はAに書く。
10　かなり主観的な表現である。必要な情報と考えるのであれば、具体的に記載する。
11　印象、解釈はAに書く。
12　臨床的情報としては不明確である。
13　同じく、臨床的情報としては不十分である。
14　印象をそのまま書いているので、具体的に表現する。
15　同じく、具体的な表現に言い換える。
16　印象はAに書く。表現を工夫する。
17　援助職が診断を下した印象を与える。表現を変える。

18 同じく、援助職が治療方針を述べている印象を与える。表現を変える。
19 観察に基づく事実で、それに対する検証がなされていない。
20 デイケアに紹介する理由として的確か、不明である。
21 なぜそう考えるに至ったか不明であり、断定的である。
22 具体的な対応が不明で、責任の所在もわからない。
23 保健師が介入しているようなので、既存資源の確認を優先させる。

指摘箇所を修正した例は次のとおりである。

▼

例2／修正例

S：対人関係に関する相談。結婚したい、友達がいなくてさびしい。近所の住人がうるさいので、自発的に「見回りしている」。父親からいつも結婚するように「プレッシャーをかけられている」。「ずっと治らない病気」になって、長男として申し訳ないと思っている。

O：35歳未婚男性、小柄でたくましい。髪はくせ毛で伸びている。髭を剃っていない。どくろのマークで鋲がたくさんついた黒い革ジャン、黒い革のパンツである。こちらが質問すると、回答がなかなか出ず、文脈に関係ない話をする。こちらが話している途中に小さな声で独り言を言ったり、ふと笑ったりする。保健師によると、父親は20年前に借金苦で自殺している。

A：孤独を感じているが、服装や身だしなみから周囲に近寄りがたい印象を与え、対人関係を充実させることが極めて困難と思われる。亡くなった父親や近隣住民とのエピソード、面接中の言動から幻聴、妄想が疑われる。病識があり受診していると思われるが、医療的介入が十全と思われない。家族の役割を果たせない罪責感、孤独感、身だしなみの乱れなどセルフケアの減退から、深刻な気分の落ち込みの可能性が考えられる。近親者の自殺を経験していることから、自殺リスクが高いと考えられる。

P：年齢に見合ったライフステージの課題に向き合えるよう、1年後に生活を安定させるために、

　1.資源を活用して問題を低減する。関係機関が連携し、3か月で本人が体調を安定させる方策を身につけられるよう支援する。

　　ⅰ.症状マネジメントのために本人の同意を得て速やかに主治医と連携

する。継続して1か月に1回情報共有し、進捗を確認する。
ii. セルフケアを補完するために、社会資源のリファーの必要性を3か月をめどに吟味する。
iii. 家族との調整、支援要請について3か月をめどに検討する。
2. 本人のセルフケア能力を強化して充実させ、6か月で対人関係を形成するスキルを身につける。
i. 2週間に1回傾聴し、支援的環境を提供する。
ii. 対人スキルを強化するために、1か月をめどにSST、コミュニケーション訓練などを提供・紹介し、モニタリングする。
iii. 上記スキルを実践する場として、進捗を踏まえてデイケア他社会資源に紹介する。

SOAPは支援計画を策定あるいは更新する場合に有用なフォーマットだといえる。しかし、継続支援の際のノートをいちいちSOAPにするのは大変で、現実的でない、というコメントをいただくことがしばしばある。

まず、SOAPはあくまで「第三者が見てわかりやすい記録のスタイル」としてご紹介しているので、そのフォーマットを厳密に守ること自体にはあまり重きを置く必要がないと考える。SOAPで書かなければならない、という決まりがあるわけでもないし、外部監査の際に「これ、SじゃなくてOですよね」と言われることはまずない。しかし、たびたび申し上げているように、記録はその印象が非常に重要である。パッと見てわかりやすい、誤解がない、どこを見ればよいか明確である記録（おもに支援計画の根拠が明確に示されているか、専門家の知見に基づいた支援計画か、支援が計画通りに行われているか、がすぐにわかる）は突っ込みどころが少ないと言える。一方、全部読まないとどこに何が書いてあるかわからない記録では、心証が悪くなるばかりか、やったことも読んでもらえないかもしれない。そうならないために、根拠をSとO、知見をA、計画をPに書く、というフォーマットをぜひ参考にしていただきたい。

また、継続的な支援の記録の場合、毎回SOAPの構成にせず、事実をS／O、見立てと支援計画をA／Pとして2部構成とすることも一般的になされている。例1で紹介したクライアントのその後の面接記録をS／O、A／Pに落としこむと、次のようになる。

例1-2

S／O：受診して薬を調整してもらった、人の出入りが多いのは変わらない、とのこと。清潔な洋服を着ていたので尋ねると、本人よりコインランドリーが使えたとのことだった。身の回りがすっきりしてよいですね、と伝えると、自分も気持ち良いと答えた。

A／P：医療介入が適正に行われている。セルフケアが向上している、こちらの質問に的確にこたえられている点から、精神症状が軽快していると考えられる。引き続き本人の状態をモニタリングし、必要に応じて医療機関と情報交換する。セルフケアについて適切な技能・資源を紹介する。支援的カウンセリングを提供して、サポートを提供する。次回面接○月○日。

2.PORノート

　SOAP以外のフォーマットに、日本でも看護領域などで使われているPORがある。PORとはProblem-Oriented Recording（問題志向型記録）の略である。介入の対象となる問題を特定し、その問題それぞれについてアセスメントを行う。さらに、それぞれのアセスメントに基づいて、アクションプランを述べる、というものである。このPORのアセスメント部分として、SOAPフォーマットを使うこともある。

　PORが特に有効とされるのは、多職種の専門家たちが一人のクライアントにかかわっている場合である。課題が明確に定義されていて、それに対するアセスメントとアクションプランがそれぞれの立場から述べられているので、アプローチを多角的に把握することができるためである。

> **例**

患者名：〇〇〇〇
記録日：平成23年9月25日
記録者：八木ソーシャルワーカー
問題1：患者は退院後の治療方針について、家族に話してほしくないとのこと（患者はゲイで、AIDSを発症している。パートナーは病気について理解しているが、他の家族は患者がゲイであること、AIDSであることも認識していない）。
△△Dr.：至急、パートナー以外の家族にも説明することが必要である。症状は安定しつつあるので、2週間程度で退院できる。本人の説得、家族面接にワーカーや心理職に入ってほしい。
△△NS：患者は心理職と打ち解けて話せると言っていた。パートナーは訪問看護について積極的である。訪問看護は手配中。
□□カウンセラー：本人は今カミングアウトするのは辛いと言っているが、退院後の生活を現実的に検討することを前向きにとらえられるよう、支援を提供する。
SW：家族への介入について、□□カウンセラーに調整していただいて、こちらからアプローチしていく。パートナーとも情報交換していく。

3. DAPノート

　SOAPを作成するに当たり、SとOを分けて書くのは難しい、という場合や、クライアントと援助者のやり取りをできるだけ忠実に記録したい、という場合に使えるフォーマットにDAPがある。Data（データ）、Assessment（アセスメント）、Plan（計画）という組立で、AとPについてはSOAPと同じである。Dは基本的にSとOを組み合わせたものと理解いただけばよい。SOAPではSとOを分けることで明確だった、「情報発信者が誰か」ということがDAPではあいまいになりがちなので、その点に十分注意して記述することが望まれる。

例

D：94歳男性クライアント、妻は15年前に他界、独居。家の中に新聞を数十年分溜めこんでいる、それでスペースが無くなって生活がままならないのに本人は絶対捨てようとしない、火事になったら困る、と家族からの訴えがあった。自宅を訪問すると、寝室はベッドの周りはすべて新聞や本が積み上げられており、たんすなどが開かない。居間はラーメンのカップやポリ袋が散乱している。走り書きのメモがあちこちに置かれている。家族によれば妻が健在のころは家事一切を任せていたらしい。本人はもともと大学教授で（家族より確認ずみ）、「蔵書が多かったのが増えただけ」という。「お料理とかお洗濯はできますか？」と聞くと「ほっといてくれ」と言われた。紙が多いが火の用心は大丈夫かと聞くと、「これが無くなったら大変なことになる」と言い、こちらに早く帰るよううながした。

A：現実検討能力が適正か、不明である。新聞を溜めるようになって数十年とのことで、妻の死と行動に因果関係があるのか、独居になりより顕在化したのかわからない。家事能力が十分でなく、食事がきちんととれていないと思われる。もともと教育水準が高く、社会的に地位のある職に就いていたことから、周囲に助けを求めることに抵抗がある可能性が考えられる。

P：安全にかつ本人が安心して生活できるよう3か月で整備するために、
1. 本人の身体的・精神的健康を1か月で強化する。
    i. 医療機関と連携し、必要であれば適正な治療が受けられるよう調整する。
    ii. 定期的に面談し、本人の体調をモニタリングするとともに、支援的カウンセリングを提供する。適切であれば、グリーフカウンセリング、ファミリーセラピーなどにリファーする。
2. 安全な住環境を3か月で整備する。
    i. ヘルパーなど手配をし、家事が提供されるようにする。
    ii. 家族と調整し、適正であれば環境を変えることを検討する。

4.CIRAPノート

SOAPは今のところ、アメリカでかなり広く使われているフォーマットであるが、最近の社会のニーズには十分にこたえられなくなってきている。それは、SOAPには基本的に、援助職が面接中なにをやったか、それに対して本人がどう反応したか、を書く欄がないためである。何度も述べたように、記録を作成する目的の一つは、サービスの必然性を文字化することである。「観察の結果◯◯だったので、◯◯することとする」だけでは、その面接自体が1時間も必要だったのか、と疑問を持たれた場合に十分な説明にならないこともある。そこで、そのようなニーズに応える様式としてCIRAPがある。

CIRAPは、Content（内容）、Intervention（介入）、Response（反応）、Assessment（アセスメント）、Plan（計画）の5つのパートから成る。IとRをまとめて4部構成で使われることも多い。

Contentとは、面接で取り扱った「テーマ」である。その内容がもともとの支援計画に合致する場合もあるだろうし、それをめぐるクライアントとのやりとりの「パターン」が支援計画で挙がっている課題に沿っている場合もある。たとえば、すぐにキレて職場の対人関係に課題があるクライアントと、好きなサッカーチームの話をしていたとする。何かの拍子で急に彼の機嫌が悪くなったので、その場でフィードバックすることで本人の気づきが高まったとすれば、極めて効果的な介入だったといえる。サッカーチームの話は支援のゴールとしては挙がっていないだろうが、すぐにキレるという対人関係の「パターン」を検証するというテーマの面接だったと定義できる。

Interventionは援助者側が問題解決に対してどう介入したか、Responseはクライアントがそのアプローチにどう対応したか、である。上述の例で、例えばこんなやりとりが展開されたとしよう。

元の会話

カウンセラー（以下㊖）：「なんだか急に顔がこわくなってますよー」

クライアント（以下㋗）：「え？　そんなことない！」

㊖：「ほら、だからなんだか怖いですよ～。軽くキレてます？」

㋗：「え？　そうかなー。そんなつもりじゃないんだけど、そう見えるのかなー」

心：「周りからそう思われるなんて、想定外でした？」
ク：「いやあ、まあ、よく怖いって言われるから……。でもそういうつもりじゃないんですよ」
心：「まあねえー。難しいですよね、ご自分はそういうつもりじゃないから」
ク：「でも傍からは怖いよね。わかってるんですけどね、こういうキャラだし、ついやっちゃうんですよね……」

援助者としてはかなりうまく直面化し、本人の気づきを高めて問題にアプローチしているが、仮にSOAPではいったいどの項目に書けばよいのか、悩ましいところである。これがCIRAPであれば、次のように書ける。ちなみにA、PについてはSOAPと同じである。

▼

CIRAPの例

C：対人関係スキル、コミュニケーションについて。サッカーチームの話をしていたところ、突然気分を害した様子であった。
I：本人の言動について直面化を行い、支援的カウンセリングを提供した。
R：「周りからはよく怖いと言われるが、そういうつもりじゃない」、わかっているがついやってしまうとのことであった。
A：対人関係について、自身のコミュニケーションパターンが課題であるという自覚があるが、他の対応法を知らない、あるいは実践できないようである。
P：コミュニケーションパターンについてさらに精査し、感情のコントロールと効果的な気持ちの伝え方について心理教育を提供する。次回〇月〇日。

第 2 節
専門家として適切な表現集

　心理学の技法に、リフレーミング（reframing）がある。フレーム（frame）とは「枠組み」と訳されるが、文脈に沿えば「とらえ方」のことで、それに「リ」がついて「別の角度からとらえ直す」ことをいう。コップに半分水が入っているとき、「半分しかない」と思うのを「半分はある」と考える、というのはリフレーミングの例である。また、日々あれこれ言う母親を「うざい」と思っている中学生が大人になって、「お母さんは心配してたからこそいろいろ言ったんだ」と気づくのも、「過干渉」を「親の愛情」とリフレーミングする例である。

　日本ではリフレーミングがいろいろな場面に応用されている。たとえば、営業職の方はリフレーミングを使ってお客さんの欠点をうまく長所に置き換えているそうだ。「でしゃばり」は「世話好き」、「がんこ」は「信念がある」、「面倒くさがり」は「おおらか」といった具合である。言われた方は、当然、それぞれ前者よりも後者の方が耳あたりが良いと感じるであろう。

　援助職がクライアントの言動や様子を表現する際に使う用語も、聞き手にどう聞こえるか、さらに専門家としての知見を加えるのに最善の言葉は何かを考えて選べれば理想的である。その際、専門用語に頼り過ぎず、かつ状況を的確に表現する用語を選ぶことが望まれる。レッテル貼りを避け、できるだけ具体的な記載を心掛けたい。援助職の個人的な反応、例えば聞いていてうんざりしたり、逆についうれしくなったりする影響を極力避けて、客観的かつニュートラルに表現するようにする。

　そこで観察される事象について、MSEを踏まえて適切な表現を見てみよう。

避けたい表現	好ましい表現
①一般的な見かけ、身だしなみ	
太っている	ふくよか、がっしりしている
痩せている	ほっそりしている
ケバい	華やか
化粧が派手	個性的な化粧、(具体的に)赤いアイシャドウ
ものすごく細い眉	丁寧に手入れされた眉
とっぴなメイク	(具体的に)口紅が著しくはみ出している、非常に濃い頬紅
ケバい服装	(具体的に)職場に薄手のミニスカート
変わった服装	(具体的に)上下とも黄色い着衣
統一感のないアクセサリー	(具体的に)アフリカ風のネックレスと和風の髪飾り
不潔、汚らしい	(具体的に)着衣にフケ、頭髪にフケ、着衣に○○がついている、着衣が汚れている
髪がぼさぼさ	髪が伸びている、整髪されていない
だらしない	(具体的に)職場にサンダル履き
髭が伸びっぱなし	髭が伸びている
近寄りがたい雰囲気	(具体的に)上下とも黒い着衣、安全ピンが付いた皮のジャケット
酒臭い	酒のにおいがする
くさい	(具体的に)○○のにおいがする
②体の動き・運動機能	
のろい	体の動きがゆっくりしている
がさがさしている	体の動きが早い
落ち着きがない	面接中座っていることが困難な様子
貧乏ゆすり	(具体的に)組んだ足をずっと揺すっている
そわそわする	座っていることが困難な様子、面接室内を頻繁に見回す
うろうろする	面接室内を歩き回る
歩行の異常	(具体的に)すり足で歩く、極端にゆっくり歩く
同じことばかりする	同じことを繰り返す
目が合わない	アイコンタクトが少ない
目つきが悪い	視線をそらさない
ふんぞり返っている	面接中背もたれにもたれている
だらっとしている	(具体的に)背もたれにもたれかかっている、前かがみに座っている
③発言の量と質	
元気がない	声が小さい
うるさい	声が大きい
おしゃべり	発話が多い
機関銃のようにしゃべる	発話が途切れない、スピードが速い
無口	発話が少ない
会話が続かない	発話が少ない、スピードが遅い
発言に詰まる	(具体的に)話の途中で突然発話が途切れる
どもる	言葉がつっかえる、(具体的に)発話の最初に口ごもる

避けたい表現	好ましい表現
酔っぱらいみたいにしゃべる	発話が不明瞭である、ろれつが回らない
小難しい言葉を使う	用語選択が洗練されている
下品な言葉遣い	（具体的に）猥雑な言葉を使う、乱暴な言葉を使う
なまっている	方言で話す、方言のアクセントがある
④思考過程	
話がころころ変わる、話がポンポン飛ぶ、話が飛躍する	話が次々に変わる、話が次々に湧き出す、話題の展開が非常に早くつながりが聞き手にわからない〈観念奔逸を示唆〉
話が回りくどい、説明が細かすぎる	話題に対し情報量が多い、説明が非常に詳細である〈迂遠を示唆〉
話が進まない	説明が詳細で話題の展開が見られない〈迂遠を示唆〉
話が脱線する	話が逸れて元の話題に戻らない〈連合弛緩を示唆〉
話が支離滅裂	考えに関連がなくまとまらない〈滅裂思考を示唆〉
言葉が入り乱れてめちゃめちゃ	語句が他の語句と混じっている〈言葉のサラダを示唆〉
話がどうどう巡り	いったん終わった話がそのあとの話題でも出てくる、質問に対して回答がなく同じ話題が続く〈保続を示唆〉
話が途切れ途切れ	考えている途中に突然内容を忘れる、話の途中に考えが止まってしまう〈途絶を示唆〉
⑤思考の内容	
自殺念慮あり	（具体的に）○○で死にたいと考えている
他害念慮あり	（具体的に）○○に危害を加えたいと考えている
ぶっ殺したい、と。	（具体的に）○○を攻撃したいと言っている、（あるいは「ぶっ殺す」がキーワードであれば）「ぶっ殺したい」と言っている。
ぐるぐる同じことを考える	（具体的に）○○のことを繰り返し考える
延々確認しないと気が済まない	（具体的に）鍵をかけたか繰り返し確認しないと気が済まない
狭いところに閉じ込められると怖くて気が狂いそうになる	狭いところに対し非常に強い不安を抱いている、（あるいは「気が狂う」がキーワードであれば）狭いところに閉じ込められると「怖くて気が狂いそうになる」
病気だと思い込んでいる	○○（具体的な症状、場合によっては疾患名など）だと強い信念を抱いている
被害妄想あり	（具体的に）○○に狙われている、と確信している
関係念慮あり	（具体的に）「テレビのニュースで自分のことを話している気がする」とのこと。
思考内容が貧困	考えていることから与えられる情報量が少ない
⑥知覚障害	
錯覚あり	（具体的に）「木の影がお化けに見える」とのこと。
幻あり	（具体的に）「亡くなった夫の姿が見えるけれど、いないことはわかっている」とのこと。
幻覚あり	（具体的に）「○○が見える」「○○が聞こえる」とのこと。
解離	（具体的に）「事故前後の記憶が虫食いになっている」とのこと。
現実感消失	（具体的に）「周りの人たちが機械のように思える」とのこと。
離人症	（具体的に）「自分が傍観者のように感じる」とのこと。

避けたい表現	好ましい表現
⑦面接時の態度 問題解決に対する自律性、モチベーションが見られるのが、面接時の態度である。全般的な対人関係のパターンが繰り返されることが多く、臨床的印象を形成するうえできわめて重要な情報である。本人が目にする場合を考えて、MSEで紹介した用語をさらに言い換えて紹介する。	
一緒に解決する気がない	支援に対し協力しがたい様子〈非協力的を示唆〉
問題に向き合おうとしない	問題について話すと話題を変える〈回避的を示唆〉
「どうせできない」とひがみっぽい	自分には解決できないと言っている〈卑屈を示唆〉
面接者に食ってかかる	面接者に対し大きな声で質問を繰り返す〈攻撃的を示唆〉
あれこれ注文を付ける	支援について詳細に意思を表明する〈要求が多いを示唆〉
面接者に色目を使う	面接者に個人的質問を繰り返しする〈誘惑的を示唆〉
面接者を煽る	面接者が要望を断っても繰り返し要求する〈挑発的を示唆〉
「どうせ全部筒抜けでしょ」と言う	個人情報の取り扱いについて尋ねていた〈用心深いのを示唆〉
逆ギレする	○○の齟齬を直面化すると大きな声で「それは違う」と答えた〈防衛的を示唆〉
「言われたことは何でもやる」と言う	提案について意見を述べずに同意する〈受身的を示唆〉
揺さぶってくる	面接者を過度に賞賛し、他の関係者に対し過度に批判的である〈操作的を示唆〉
問題に関心がない	問題解決に意欲的に見えない〈無関心を示唆〉
人任せである	関係者が主体となる問題解決を提案する〈依存的を示唆〉
問題になっていることを変えようとしない	問題解決はしないと意思を表明している〈抵抗的を示唆〉
解決できないと思い込んでいる	問題は変わらないと考えている〈否定的を示唆〉
言われたことをやっても無駄と思っている	支援の効果について疑問を持っている〈懐疑的を示唆〉
腹を割ろうとしない	面接者と最小限のあいさつを交わすにとどまっている〈うちとけないのを示唆〉
⑧感覚/意識と見当識	
ぼーっとしている	ぼんやりしている
意識がこんがらがっている	混乱している
見当識がない	(具体的に)時間がわからない、場所がわからない、自分が誰だかわからない、など
⑨クライアントの報告による気分 できるだけ具体的に記載することが重要だが、第三者が見る可能性を考えれば、本人が言ったからといってすべて記録していいとは言えない。特に過激な表現などは、キーワードであれば鍵かっこを使うなどする。	
サイアク	最悪の気分
マジむかつく	「マジむかつく」と繰り返し訴えた
ハイ	気分がいい、高揚している、「ハイ」である
ロー	落ち込んでいる、元気がない、「ロー」である
めちゃめちゃ落ち込んでる	非常に落ち込んでいる
⑩面接者の観察による感情・情緒の内容と振幅 印象と似ているが、感情表現あるいは情緒の表現は精神機能の一部であり、むしろ印象の根拠となるものである。	
感情表現がオーバー	内容に比して感情表現が豊かである
感情の浮き沈みが激しい	感情表現が極めて豊かである

避けたい表現	
表情がころころ変わる	感情表現が豊かで頻繁に変化する
感情がマヒしている	内容に対して感情の変化が見られない
無表情	感情表現がほとんど見られない
感情表現が奇妙	（具体的に）悲しい話の時に悲しそうに見えない、楽しい話の時に楽しそうに見えない
⑪知能　一般的に「標準、標準以上、標準以下」で表現する。	
⑫洞察力（問題や状況に対する原因や意味を理解する能力）	
わきまえている	洞察力が良好
自覚がない	洞察力が乏しい
⑬判断力（自分の言動が与える影響を検討し自身の衝動や情緒を制御する力） 一般的に次の用語で表現する。	
空気が読める	判断力が良好
場に合わせられない	判断力が乏しい
がまんできない	判断力が機能していない

第4章

記録の実際
——事例と解説

本章では、個人情報保護と教育効果の促進のために、各事業所から提供いただいた事例を改変して使用しています。

第1節
医療現場の記録

　最近の医療現場では、ソーシャルワーカーによる相談業務の認知度がかなり高まっている。医療相談室にもちこまれる相談は、内容もさまざまなら利用経緯（誰から紹介されるか）も多様である。そのため、1回きりの関わりもあれば長期的に面談することもあり、それぞれについて定式化した記録を残すには高いスキルが要求される。

　さらにすでに述べたように、電子カルテが導入されている医療機関も数多い。他職種が同じカルテにどんどん書き込んでいく現場では、より速やかな記録作成が求められるようになっている。

＊

　継続して面談する事例の場合、社会資源の情報提供だけにとどまらず、心理社会的介入を行っていることが想定される。記録作成においてはなぜ単発の面接でないのか、継続面接が必要と判断した根拠が何か、毎回でなくとも言及することが望まれる。

　まず長期的な支援の例をご紹介する。この事例のクライアントは、リハビリテーションの一環として就労移行支援事業を活用している。課題は対人関係で、継続支援の目的はコーピングスキルの獲得とセルフケア能力の向上である。

例1／元の記録

平成23年10月4日
　【ここ最近の状況・精神的状態について】
　パソコン上のメモに、ここ最近の自分の精神状態について、記載されている(別紙参照)[1]。○○作業所での業務の与えられ方への不満（メンバー・職員両者に対して）、評価されないという思い、家族への不満、妹や弟[2]への嫉妬心など、記載されている。怒りの感情・爆発の手前[3]であることを表出。記載しているのは怒りの感情だが、語っていくにつれ、[4]「悔しさや劣等感」、

「業務への評価ではなく、変わろうとしていることをわかってほしかった」という気持ちを表出され、涙を流される。
⇒怒りの裏には、悔しさや悲しさなどがあり、それを涙を流すという形で表出できたことを評価。本人も少しすっきりしたとのこと。[5] 本当は今日主治医に会いたかったが、不在だったため、10/6に面談したいと。また、Dr面談後、父・本人・PSWでこの数ヶ月の振り返り面談を実施することにする。

平成23年10月28日
〖退院に際して／高額療養費について〗
退院に際して：今回の入院を振り返り、とても濃厚だったと話される。母親とぶつかった件はその後母と話し、〇〇作業所から家族バッシングを受けた話等を聞き、あの時の母親の態度の訳がわかった[6]と。自分が知らないところで、色んなことを家族やPSWが調整してくれていたんだと思うと、恥ずかしいと。〇〇作業所をステップにして、また来週からやって行きたいと思っていると。
⇒PSWより、家族の愛情の出し方・支え方は、今回のように一見見えづらい形になってくることがあるかもしれない旨伝える。[7]
高額療養費払い戻しについて：共済組合のため、自動的に払い戻しされる旨説明する。
次回PSWとの面談予約：11/7（月）16:00

---

1 基本的に記録はそれ自体で完結するものである。別紙（本人作成のメモの出力）は支援上必要と思われないのであれば、カルテ内に保管する必要はない。
2 第三者を特定する表現に注意する。
3 本人の言か。そうであれば「爆発の手前」とはどういう意味か、リスクアセスメントが必要と思われる。
4 電子上のメモを見ながら話していると思われるが、状況がわかりづらい。
5 S、Oはあるが、所見がない。
6 第三者に関する表現、特に誹謗中傷になりうる表現なので検討が必要である。

7　心理教育とプランのつながりが不明瞭である。

指摘した個所についての修正例は次のとおりである。

▼

例1／修正例

平成23年10月4日
　〘ここ最近の状況・精神的状態について〙
　パソコン上のメモに記載されている、ここ最近の自分の精神状態について、読み上げながら語られた。〇〇作業所での業務の与えられ方や評価に対する不満（メンバー・職員両者に対して）、家族への不満、嫉妬心など、記載されている。記載しているのは怒りの感情だが、語っていくにつれ、「悔しさや劣等感」、「業務への評価ではなく、変わろうとしていることをわかってほしかった」という気持ちを表出され、涙を流される。怒りの裏には、悔しさや悲しさなどがあり、それを涙を流すという形で表出できたことを評価。本人も少しすっきりしたとのことだった。メモの怒りは「爆発の手前」と語られたので、その意味を聞き取った。爆発したらすべてが嫌になってしまって、家から出られなくなるだろう、とのこと。自殺したくなるとは思わないとのことだった。今後変化があれば必ず報告いただくようお願いし、同意いただいた。本当は今日主治医に会いたかったが、不在だったため、10/6に面談したいとのことだった。
　⇒作業所の活動から、対人関係や評価にまつわるストレスが増大し、体調が悪化していると思われる。医師と連携し、体調の変化をモニタリングする。10/6 Dr 面談後、父・本人・PSW でこの数ヶ月の振り返り面談を実施することにする。

平成23年10月28日
　〘退院に際して／高額療養費について〙
　退院に際して：今回の入院を振り返り、とても濃厚だったと話される。家族とぶつかった件はその後家族の体験等を聞き、その後の対応の訳がわかったとのこと。自分が知らないところで、色んなことを家族や PSW が調整して

くれていたんだと思うと、恥ずかしいと言われた。○○作業所をステップにして、また来週からやって行きたいと思っているとのことだった。
⇒PSWより、周囲の支え方は、今回のように一見見えづらい形になることがあると気づいたことについて、傾聴し、フィードバックした。今後対人関係を構築する上で今回の気づきをどう生かすか、検討した。PSWや家族などの資源を活用して関係を振り返り、維持するよう努めることで合意した。
高額療養費払い戻しについて：共済組合のため、自動的に払い戻しされる旨説明する。
次回PSWとの面談予約：11/7（月）16:00

例2／元の記録

平成23年11月7日
〖作業所での1週間の振り返り 本人-PSW〗[8]

11/1〜○○作業所に復帰。予想していたよりも、周囲の反応は以前と変わらず、仕事の内容は変化した部分があった（職人から任されていた仕事は別の人へ）が、1週間通所できたと。

以前の自分は、『(仕事を)任されたい・職場で気が付く自分を演出・周囲には何も言わせないくらい完璧にやりたい・俺の方ができるところを見せたい・勝ち負けにこだわる・頼られることで存在価値を保つ』という感覚が強かったが、今は通所メンバー仲間の1人から学ぶことが大きいと感じていることがあり（特に今回の休息がターニングポイントとなる）、様々な認識の変化や発見があった。

そのメンバーは、年下の男性。本人側にライバル心もあり、負けたくないという思いが強かった。しかし、今回休み明け職場に行ったところ、相手は全く自分のことをライバルとは思っておらず、仕事に関する声かけをしてくれた。その人をよく観察していると、いつもフラットに自分のコンディションを保っていて、任された仕事を黙々とこなしている。周囲に威圧感を感じさせる言動もない。どうしてあんな風にいられるのだろうと思っている。こっちがライバル心燃やしていたのが恥ずかしいくらいに……と笑って話す。[9]

今の自分は特に休みをもらっていた立場なので、『任されたらもうけもの・

良い意味で受身でいる・見ている人は見ていてくれる・目の前にあることをやる』というスタンスで作業所と付き合っていると。[10] また、今までは「頼られる・断らないことで自分の存在を保ち、片意地張っていたこと」がわかったが、その他メンバーを見ていると、今まで自分が仕事を頼まれていたのは技術的なものだけ評価されていた部分があったと思うが、本当に頼られ続ける人は、技術＋頼みやすいその人の雰囲気や安心感が不可欠だと思うと。そこに発見したと。

　PSWが変化について正のフィードバックすると[11]、本人は「頭ではわかっているけれど、そう上手く整理できない時もあって……。長年の考えのくせがムクムクと顔を出すこともあるんです」と。しかし、以前鈴木先生からも言われていた「（長年のくせが出てきたら）飼いならす・なだめてあげる」を心がけようと思うと。

⇒作業所をうまく活用する意図に、学ぶことの多い他メンバーの存在があることが明らかになる。本人としては、『疲れ⇒イライラ⇒コミュニケーションのトラブル』の循環に陥る傾向があると感じている。[12] この1週間過ごし、1日の終わりや週末にいかにストレスをリセットするかに注目し、一番効果のある「一人になる時間を持つ」を実行している。しかしそれ以外にも考えてみると。

上記については、近日中に主治医にも面談に来て話すと。
次回PSWとの面談日：11/22（月）16:00～

平成24年1月10日

『年末年始の報告など：気持ちの整理』[13]

　年末年始、12/30～1/3まで実家（祖父母・母・弟が居住）に行き過ごした。1/2には中学時代の友人と会った。以前の大学時代の友達と会う時と異なり、余計な気遣いせず、いい人達に囲まれ、過ごせた。去年1年を漢字2文字で表すと『体感』だったと。[14] 色々な事を感じた1年だった。今回、年末年始家族と過ごして、わかったことがあると。弟が受験生。両親の弟への接し方をみて、自分がされたことを思い出し、両親の過保護、こうあるべきという思考、アンビバレントなメッセージを改めて言語化し、弟を心配される。[15] 両親の無意識のメッセージに対して、恨みの気持ちもないわけではないが、その一方で幼い頃を思い出し、祖父母（研究職をしていた）と、母親の関係、子どもを守ろうとし、「○○でなければならない」という

教育をせざるを得なかったのでは……という想起をされている。[16] 弟が心配、何かできないか？ と思うがと話されたため、PSWからは、今何かすぐにしようとせず、弟が両親との関係について悩んだり、苦しそうな時に、気持ちの代弁や理解の仕方を同じ思いをしてきた兄弟として言語化してあげることも一つであることをアドバイスする。[17]

　自然体な自分でいたい、今までは人に緊張感を与えていた。自分も緊張していたし。人間的な人間関係を色んな人と結んで行きたいという希望があるとのこと。

　最近読んだ本の言葉が響いている様子。笑顔で謙虚に、感謝を忘れず、人に喜ばれることを基軸に頼まれたことに「はい」と引き受けてやっていく人生という内容。ここまで仏の気持ちになれないけど、どう取り入れるか？[18]
⇒自分のこれまでの生活してきた術や思考は、認め、労ってあげた上で、生活している中で、苦しい気持ちになった時に、見方を広げるために、書籍に載っているような考え方を活用することも可能ではと提案し、本人も納得された様子。

次回主治医診察1/25（水）に来院希望。

8　本人の言の引用が中心だが分量が多い。第三者に関する記載を減らし、コンパクトにまとめることを検討する。
9　ここから話者が変わっている。
10　同上。以下、話者が変わっている。
11　変化する前の認知がどう本人に影響を与えていたのか不明なため、なぜ正のフィードバックをしたのか不明である。
12　本人が語ったことなのか、援助職の観察なのか、わかりづらい。所見ではなく本人の言である。
13　本人の言（一部引用）が多く書かれているが、設定された目標とどうつながっているかがわかりにくい。コンパクトな記録作成を検討する。
14　支援上必要な情報ではない。
15　話者が変わる。テクニカルな用語が唐突な印象を与える。
16　第三者を特定する表現が頻出する。支援上必要でないのであれば、表現を工夫する。

17 第三者に対し言語化するよう促すことが適切か不明なので、表現を工夫する。
18 誰のコメントか不明である。

指摘した個所についての修正例は次のとおりである。

▼

例2／修正例

平成23年11月7日
〚作業所での1週間の振り返り 本人-PSW〛
　11/1〜〇〇作業所に復帰。予想していたよりも、周囲の反応は以前と変わらず、仕事の内容は変化した部分があった（職人から任されていた仕事は別の人へ）が、1週間通所できたとのことだった。
　「以前の自分は、『(仕事を) 任されたい・周囲には何も言わせないくらい完璧にやりたい・勝ち負けにこだわる・頼られることで存在価値を保つ』という感覚が強かったが、今の自分は特に休みをもらっていた立場なので、『任されたらもうけもの・良い意味で受身でいる・見ている人は見ていてくれる・目の前にあることをやる』というスタンスで作業所と付き合っている。今まで自分が仕事を頼まれていたのは技術的なものだけ評価されていた部分があったと思うが、本当に頼られ続ける人は、技術＋頼みやすいその人の雰囲気や安心感が不可欠だと発見した。『疲れ⇒イライラ⇒コミュニケーションのトラブル』の循環に陥る傾向があると感じている。この1週間過ごし、1日の終わりや週末にいかにストレスをリセットするかに注目し、一番効果のある「一人になる時間を持つ」を実行している。」
　認知が変わったことで他メンバーとの関係が良好になったことについてPSWが正のフィードバックすると、本人は「頭ではわかっているけれど、そう上手く整理できない時もあって……。長年の考えのくせがムクムクと顔を出すこともあるんです」とのこと。しかし、以前主治医からも言われていた「(長年のくせが出てきたら) 飼いならす・なだめてあげる」を心がけようと思うとのことだった。
　⇒自分の問題傾向への気づきを高めコーピングスキルを習得・実践するこ

とに、他メンバーとのかかわりを活用しており、作業所活動参加のモチベーションが高まっている。復帰直後であり、くたびれてしまわないよう、ストレスケアを積極的に実践するよう促した。上述以外の方法を検討するとのことで合意した。また、近日中に主治医にも面談に来て話すとのことだった。
次回PSWとの面談日：11/22（月）16:00

平成24年1月10日
『年末年始の報告など：気持ちの整理』
年末年始、12/30〜1/3まで実家（祖父母・母・弟が居住）に行き過ごした。今回、年末年始家族と過ごして、自分の子供のころの家族との関係、「〇〇でなければならない」という教育を受けたことを思い出した。また、弟が同じような体験をするのではと心配になった。何かできないか？ と思う。最近読んだ本より、自然体な自分でいたい、今までは自分も緊張していたし、人に緊張感を与えていたが、人間的な人間関係を色んな人と結んで行きたい、という希望がある。
⇒PSWから、家族関係は、今何かすぐでなくとも、悩んだり苦しそうな時に、話を聞いてあげることも一つであることをアドバイスした。また、自分のこれまでの生活してきた術や思考は、認め、労ってあげた上で、苦しい気持ちになった時に、見方を広げるために、書籍に載っているような考え方を活用することも可能ではと提案したところ、本人も納得された様子であった。
家族と時間を過ごしたこと、長期休暇で時間に余裕があったことから、思索を深めたと思われる。日常の対人関係に活用できるよう、作業所で実践することを勧めたところ、本人も同意されたため、引き続き支援することとする。
次回主治医診察1/25（水）に来院希望。

相談室では、社会資源に関する相談や情報提供を単発で行うことも非常に多い。その場合、面接記録にどの程度の情報を残せばよいか、難しいところであるが、重要なのは1回で終了することが妥当と判断するに至った根拠を残すことである。

例3／元の記録

平成23年6月17日
〚障害者手帳、その他制度面での相談〛
本人、母来室。
本人、仕事したいと希望し、アルバイトの面接にチャレンジしたり、ハローワーク障害者窓口に相談。
障害者手帳取得のメリットやデメリットについて教えてほしい。
⇒ハローワーク障害者枠での職探しには手帳取得していると、選択の幅が広がることを説明。その他就労準備の相談機関が増えていることを説明。障害者手帳の申請方法についても説明する。手帳取得は焦っているわけではないとのこと。[19]
本人、母就労準備相談窓口について知りたいとのこと。
⇒○○市内の就労支援センター（4箇所）を情報提供する。[20]

[19] 誰の言か、話者がわからない。
[20] 本人の希望通りの情報を提供しているが、所見が不明である。

指摘した点について加筆すると、次のようになる。

例3／修正例

平成23年6月17日
〚障害者手帳、その他制度面での相談〛
本人、母を伴って来室。

本人、仕事したいと希望し、アルバイトの面接にチャレンジしたり、ハローワーク障害者窓口に相談している。障害者手帳取得のメリットやデメリットについて教えてほしい。手帳取得は焦っているわけではない。
本人、母とも就労準備相談窓口について知りたいとのこと。
⇒ハローワーク障害者枠での職探しには手帳取得していると、選択の幅が広がることを説明。その他就労準備の相談機関が増えていることを説明。障害者手帳の申請方法についても説明する。
⇒母とのやりとりから、生活面の支援は十分に得られていることが推測された。○○市内の就労支援センター（4箇所）を情報提供し、主治医と相談しながら就職活動を進めるよう促した。またこれ以外で支援が必要になったら相談室に来ていただくよう伝えた。

　別の単発相談の事例を紹介しよう。このケースは継続支援が必要だった可能性がうかがわれるが、1回で終了している。相談利用は任意のため、実際の相談援助の場面でもそれっきりになることは多い。そのような場合には、少なくとも、1）継続利用の必要性を認識したこと、2）それを本人に提示したこと、3）それに対する本人の反応、4）断られた場合は今後のプラン、を記録しておきたい。

例4／元の記録

平成22年7月9日
〖自立支援医療・障害者手帳・障害年金について〗
障害者手帳更新したが、等級が変わらず3級だった。
自分の生活を考えると、出来ないことが多く、2級に該当しても良いのではと思う。
級だけにこだわるつもりはないが、自分の生活の実態を本当の意味で把握してもらえないことが悲しい。2級になれば、交通費が助成されるので、デイケアにももっと通える。
⇒等級変更については、これまで相談に応じていたDCPSWや、主治医と再度確認の上検討することに。交通費については、デイケアも治療のひとつなので、移送費対象にならないか、PSWから保護課に連絡することとする。[21]

本人、障害年金も現在3級。兄も障害年金取得しているが、兄の方ができることが多いのに2級。何で自分はそうならないのだろうと思う。[22] 自立支援医療（平成23年6月切れ）、障害者手帳（平成23年7月切れ）のため、等級変更も視野に入れ、かつ期限も合わせる為に、診断書発行してもらいたかったが、手帳のみの診断書のため、結局毎年手帳・自立支援どちらかの診断書を出すことになった。
⇒今回、合わせれなかったことについては謝罪。平成25年更新時に手帳＋自立支援診断書同時更新可能な診断書の発行にできるように留意することを伝える。
⇒①PSWより保護課に移送費について交渉
　②手帳等級変更の可能性について、再度スタッフでも協議し、本人に声をかけることとする。[23]

21 本人の言とソーシャルワーカーのアクションプランが混在している。
22 第三者の個人情報を記載する必要性はない。
23 申し送り、フォローを要すると思われるが、アクションプランが不明である。また、本人の「把握してもらえないことが悲しい」という訴えに対し、所見やアクションプランがない。

指摘点をもとに、加筆修正すると次のような記載が考えられる。

▼

例4／修正例

平成22年7月9日
〖自立支援医療・障害者手帳・障害年金について〗
障害者手帳更新したが、等級が変わらず3級だった。自分では2級に該当しても良いのではと思う。級だけにこだわるつもりはないが、自分の生活の実態を本当の意味で把握してもらえないことが悲しい。2級になれば、交通費が助成されるので、デイケアにももっと通える。家族も障害年金取

得しているが、家族の方ができることが多いのに等級が高い。何で自分はそうならないのだろうと思う。自立支援医療（平成23年6月切れ）、障害者手帳（平成23年7月切れ）のため、等級変更も視野に入れ、かつ期限も合わせる為に、診断書発行してもらいたかったが、手帳のみの診断書のため、結局毎年手帳・自立支援どちらかの診断書を出すことになった。

⇒①等級変更については、これまで相談に応じていたDCPSWや、主治医と再度確認の上検討する。

②交通費については、デイケアも治療のひとつなので、移送費対象にならないか、PSWから保護課に連絡する。

③今回、更新期限を合わせれなかったことについては謝罪した。平成25年更新時に手帳＋自立支援診断書同時更新可能な診断書の発行にできるように留意、相談室で申し送る。

④「把握してもらえないことが悲しい」「何で自分はそうならないのだろう」という思いについて、日常の生活に影響していると思われるため、継続して相談室利用を勧めた。「そういう話をする方が気が滅入る」と断られた。①②について本人にフィードバックする際、体調の変化を見て改めて相談室利用を検討いただくことにする。

また医療相談室ではいわゆるクレーム対応を迫られる場面も多い。クレーム対応は長期化・悪化することを想定した記録作成が求められる。すなわち、通常の記録以上に具体的に情報を残すことと、組織内での情報共有、再発した場合の対応についても記録しておくことが必要である。

例5／元の記録

平成23年9月6日
〖病院対応へのクレーム：PSW電話対応〗
医者とは5〜10分しか話していない気がする。その短時間でなにがわかるの？　何か私は悪いこと言った？　女の医者は意地悪でめんどくさい。[24]病院に行って具合が悪くなったし、もう行きたくない。でも、また一から別の病院に行くのも、予約がとれるかわからないし。薬は切らせないので。あな

たはどのように経緯を聞いてるの? あなたはこの事実を聞いてどう対応するんですか?
⇒傾聴。当院での対応に不愉快な思いをされたのであれば、申し訳ないと謝罪。今後受診が辛いという気持ちの中で、どうするかについて考えるお手伝い（例：別の担当医に変更等）ができればと伝える。本人、テンパっており、[25] 話を聞くうちに、話が二転三転する。[26]「話が通じない。」とどなって[27] 一度電話を切る。数分後再度電話。[28]「あんたじゃ話にならない。上司に代わって。」とのこと。上司（事務長）より電話するも、「面倒くさいから、いいわ。」と電話を切られる。[29]

24 本人の言であっても、キーワードでなければ過激な表現は控える。
25 解釈よりも具体的な言動を記録する。
26 同上、印象よりも具体例を記録する。
27 表現を工夫する。
28 どちらからかけたのか不明。
29 その後、情報共有がどうなされたか、再発した場合の対応をどうするかが不明。

以上の指摘を反映させた修正案は次のとおりである。

▼

例5／修正例

平成23年9月6日
【病院対応へのクレーム：PSW電話対応】
本人の言「医者とは5〜10分しか話していない気がする。その短時間でなにがわかるの? 何か私は悪いこと言った? 病院に行って具合が悪くなったし、もう行きたくない。でも、また一から別の病院に行くのも、予約がとれるかわからないし。薬は切らせないので。あなたはどのように経緯を聞いてるの? あなたはこの事実を聞いてどう対応するんですか?」

⇒傾聴。当院での対応に不愉快な思いをされたのであれば、申し訳ないと謝罪。今後受診が辛いという気持ちの中で、どうするかについて考えるお手伝い（例：別の担当医に変更等）ができればと伝える。いただいたお電話だったが、「どうしてあなた（PSW）が私に電話をかけてきたの？」「今後の治療の話ばかりしないで。」「どうして追い詰める言い方をするの。」「（話が）わからなくなってきた。」、と言われ、「話が通じない。」と声が大きくなり、あちらから一度電話を切られる。数分後再度本人から電話が入る。「あんたじゃ話にならない。上司に代わって。」とのこと。上司（事務長）より電話するも、「面倒くさいから、いいわ。」と電話を切られた。

平成23年9月7日
　事務長、PSWで連絡会議。事実関係の確認と、今後について話し合った。①今後、相談室に電話が入った場合は事務長が対応する、②担当医からの聞き取り、病院としての今後の対応などは事務長より部長・院長に相談してもらう。

第2節
高齢者施設の記録

　高齢者施設のケアのレベルはさまざまである。ここではグループホーム、特別養護老人ホームの記録を見てみよう。

＊

　グループホーム（認知症対応型共同生活介護施設）ではさまざまなサービスが提供されており、一人の利用者に対して多くの専門職が関わっている。そのため、記録はチーム内の重要な情報共有ツールである。また、複数の書き手が記入することを考えると、タイムリーかつコンパクトな記録作成のスキルが要求される。

例1／元の記録

年月日	時間	種別	事項	記録者
H23/9/16	15:00	ケース	《席の取り合い》[1] 自分がいつも座っている場所へ他者が座っていると「そこはわしの席なのにちょっと便所行ったら取られるし、かなわん」と言われることが食堂やリビングで聞かれ他者が動かないと「わしはずっとここの席だから」と強く言われていた。	A
H23/9/16	17:00	ケース	《テレビを見ながら》[2] ××氏がテレビのリモコンを順番に押していくと「わしが見てるのに勝手に変えるな、ばばあ」と言われる。しばらくするとトイレに立たれた。介護職員に報告。[3]	B
H23/9/16	21:00	事故	《ペリンドプリル錠、机の下から見つかる》[4] 床に錠剤が落ちているのを夜勤職員が発見。薬剤情報によりペリンドプリル錠であり、落ちていた場所からご本人しか服用していない	B

			こと判明。夜勤職員にも確認してもらい、21時過ぎ服薬していただく。服薬時、手のひらに錠剤をおき飲んでいただくようそばで見ていたが、錠剤一つ落ちたことに気が付いていなかった。[5] 今後は分包紙から直接口へと服用してもらうよう気を付ける。[6] 介護職員に報告。	
H23/9/20	11:30	ケース	〘食事準備〙[7] 他の方に食事準備を依頼し、盛り付けをされていた。他者がされていると盛り付け方や数などが気になるようで、ずっとあれこれ言われ、他者が困ってしまわれる。少し黙って見ていてほしいというと「わしは親切でしているのに、気分が悪い。もう何もせん」と言われながらもまた声掛けされていた。何度かキッチンで盛り付けを依頼するが「何もせん。あんたが勝手にしたらいい」と真っ赤な顔で言われ、職員が気分を悪くさせてしまった。[8]	C
H23/9/20	13:15	ケース	〘入浴の準備〙 ご本人より「わしはお風呂入るみたいだけど準備はできてるか」と3回ほど聞いてこられ服の準備はできていますと声をかける。介護職員へ報告した。[9]	D
H23/9/20	19:00	ケース	〘夕食の片づけ〙 夕食後ほかの方の食事が食卓にあると「これ片づけてくれ」とキッチンからリビングに来られるたびに職員にお願いしてこられる。私が片づけますと声をかけると「お願いします」と言われる。介護職員へ報告した。[10]	D
H23/9/21	12:00	ケース	〘○○診療所定期健診〙[11] 「目の調子悪い」と話される。血液検査の結果問題なし。このまま様子見ましょうとのことで、内服薬の変更なく28日分処方あり。	E
H23/9/24	17:00	ケース	〘様子〙 コラージュを貼ろうとしたところで、隣に座っている△△氏に職員がいっしょにやりましょうと声をかけると、「△△さんはせんでいい」	F

			と言う。「一緒にやると楽しいですね。」と話すと、怒り顔になりコラージュをやめてキッチンに行かれた。介護職員に報告した。[12]	
H23/9/25	9:00	事故	〘事故、インシデント〙ヒヤリ・はっと 〘場所〙キッチン 食後片づけをしてくださり、拭いた食器を戸棚にしまってくださる。1枚丸皿を落とされるが、割れなかったため、怪我などはしておられない。[13] 介護職員に報告。	A

1, 2　記録の分類項目であれば、問題行動として類型化しやすいものにするほうが後から見やすく、データ処理などもしやすい。

3　なぜ介護職員にこの件を報告して、その前のやり取りについて報告していないのか、よくわからない。

4　1と同様に、分類項目は服薬管理に関する問題としてまとめられるほうが管理しやすい。

5　話者が誰であるか、気づいていなかったのが誰か、わかりづらい。

6　アクションプランがあるが、本人にどのように伝わったかわからない。

7　上述のとおり。作業は食事準備だが、他者とのコミュニケーションに関する記録であれば、それがわかるような分類のほうがよい。

8　実際に職員が利用者の気分を害したのであれば、何らかのアクションがあったと明記したほうがよい。

9　この件をなぜ介護職員に報告したのか、峻別の根拠が不明である。

10　この件のどの部分が報告する必要があったと判断されたか不明である。

11　病院名は記載されているが、担当医が不明である。

12　この件のどの部分を報告したかったのか不明である。

13　今回は怪我がなかったが、今後どうするか、検討する必要がある（と文面で取れる）。

指摘した箇所についての修正案は次のようになる。

▼

例1／修正例

年月日	時間	種別	事項	記録者
H23/9/16	15:00	ケース	【他レジデントとのやりとり】 自分がいつも座っている場所へ他者が座っていると「そこはわしの席なのにちょっと便所行ったら取られるし、かなわん」と言われることが食堂やリビングで聞かれ他者が動かないと「わしはずっとここの席だから」と強く言われていた。	A
H23/9/16	17:00	ケース	【他レジデントとのやりとり、不適切な言動】 ××氏がテレビのリモコンを順番に押していくと「わしが見てるのに勝手に変えるな、ばばあ」と言われる。しばらくするとトイレに立たれた。用語が不適切だったので介護職員に報告。	B
H23/9/16	21:00	事故	【服薬管理に関する事故】 床に錠剤が落ちているのを夜勤職員が発見。薬剤情報によりペリンドプリル錠であり、落ちていた場所からご本人しか服用していないこと判明。夜勤職員にも確認してもらい、21時過ぎ服薬していただく。服薬時、手のひらに錠剤をおき飲んでいただくようそばで見ていたが、錠剤一つ落ちたので指摘したところ、本人は気が付いていなかった。今後は分包紙から直接口へと服用してもらうよう本人にお願いした。服薬時担当者が十分気を付ける。介護職員に報告。	B
H23/9/20	11:30	ケース	【職員とのやり取り】 他の方に食事準備を依頼し、盛り付けをされていた。他者がされていると盛り付け方や数などが気になるようで、ずっとあれこれ言われ、他者が困ってしまわれる。少し黙って見ていてほしいというと「わしは親切でしているのに、気分が悪い。もう何もせん」と言われながらもまた声掛けされていた。何度かキッチンで盛り付けを依頼するが「何もせん。あんたが勝手にしたらいい」と真っ赤な顔を	C

			され言われ、職員が気分を悪くさせてしまった。謝罪したが、こちらを向かれなかった。	
H23/9/20	13:15	ケース	【入浴の準備】 ご本人より「わしはお風呂入るみたいだけど準備はできてるか」と聞いてこられ服の準備はできていますと声をかける。確認行動が3回だったので、介護職員へ報告した。	D
H23/9/20	19:00	ケース	【職員とのやり取り】 夕食後ほかの方の食事が食卓にあると「これ片づけてくれ」とキッチンからリビングに来られるたびに職員にお願いしてこられる。私が片づけますと声をかけると「お願いします」と言われる。確認行動が頻繁だったので、介護職員へ報告した。	D
H23/9/21	12:00	ケース	【○○診療所●●医師定期健診】 「目の調子悪い」と話される。血液検査の結果問題なし。このまま様子見ましょうとのことで、内服薬の変更なく28日分処方あり。	E
H23/9/24	17:00	ケース	【他レジデント、職員とのやり取り】 コラージュを貼ろうとしたところで、隣に座っている△△氏に職員がいっしょにやりましょうと声をかけると、「△△さんはせんでいい」と言う。「一緒にやると楽しいですね。」と話すと、怒り顔になりコラージュをやめてキッチンに行かれた。やり取り、他者への怒りについて介護職員に報告した。	F
H23/9/25	9:00	事故	【事故、インシデント】ヒヤリ・はっと 【場所】キッチン 食後片づけをしてくださり、拭いた食器を戸棚にしまってくださる。1枚丸皿を落とされるが、割れなかったため、怪我などはしておられない。介護職員に報告。今後作業を同じように手伝っていただくか検討し担当者間で共有する。	A

例2／元の記録

H23/9/29	21:00	ケース	【夕食後の様子】 玄関に行かれ戸を開けられ外を見ておられた様子。ユニットに戻られてからリビングでテレビを見ておられた。介護職員に報告。[14]	A
H23/9/30	13:30	排泄	【排便】1回【便失禁】1回 3号トイレに入られており△△氏の居室にいるとノックされたので、行くと「行くまでに出てしまった」と言われ下着を脱いでおられた。少し柔らかい便だったようで座るまでに出てしまった様子。腹痛なくしんどい様子もなかった。[15] 介護職員へ報告した。	A
H23/9/30	17:00	ケース	【ラッキーちゃん】[16] 施設長とラッキーちゃんが来られており、ラッキーちゃんを抱っこして施設長とお話しされたり、犬のリードを持ってユニット内を少し動かれたりされる。「お前のとこの？」と聞いておられた。「かわいいのう、ラッキーちゃん、ラッキーちゃん」とかわいがっておられた。動物は好きで「飼いたかった」とお話をされた。	A
H23/9/30	21:00	ケース	【夕食後の様子】 今夜は食後は座っておられる時間がほとんどないくらい、トイレに行かれると部屋に帰って長い時間衣類をハンガーに掛けたり引き出しを整理されていた。またその合間には「ちょっと玄関の靴を見てくる」と4度行かれた。テレビの前にもご自分から行かれるがすぐにトイレで腰を上げてしまわれる。体調は良い。[17]	C

14 外出しようとしていたから介護職員に報告したのか、意図が不明である。
15 本人の言によるのであれば、その旨明記したほうがよい。
16 項目について、「ラッキーちゃん」が犬ということが、文章を読まないとわからない。

17 いつも以上にそわそわしていることに気づいている、と読み取れる。同日、便失禁のインシデントがあったり、犬と遊んだりしたことから、本人の様子がいつもと違うことは不思議ではない。モニタリングが必要であるということが申し送られていない、また体調が良いというのが本人の言か、観察によるものか、不明である（後者であれば記述と齟齬がある）。

指摘した箇所についての修正案は次のようになる。

▼

例2／修正例

H23/9/29	21:00	ケース	《夕食後の様子》 玄関に行かれ戸を開けられ外を見ておられた様子。ユニットに戻られてからリビングでテレビを見ておられた。外に出たかったのかとお聞きしたら、外は暑いかのうと返事された。外出の可能性があると感じたため、介護職員に報告。	A
H23/9/30	13:30	排泄	《排便》1回《便失禁》1回 3号トイレに入られており△△氏の居室にいるとノックされたので、行くと「行くまでに出てしまった」と言われ下着を脱いでおられた。少し柔らかい便だったようで座るまでに出てしまった様子。お聞きしたところ腹痛ないとのことで、しんどい様子もなかった。介護職員へ報告した。	A
H23/9/30	17:00	ケース	《セラピー犬訪問》 施設長とセラピー犬のラッキーちゃんが来られており、ラッキーちゃんを抱っこして施設長とお話しされたり、犬のリードを持ってユニット内を少し動かれたりされる。「お前のとこの？」と聞いておられた。「かわいいのう、ラッキーちゃん、ラッキーちゃん」とかわいがっておられた。動物は好きで「飼いたかった」とお話をされた。	A
H23/9/30	21:00	ケース	《夕食後の様子》 今夜は食後は座っておられる時間がほとんど	C

ないくらい、トイレに行かれると部屋に帰って長い時間衣類をハンガーに掛けたり引き出しを整理されていた。またその合間には「ちょっと玄関の靴を見てくる」と4度行かれた。テレビの前にもご自分から行かれるがすぐにトイレで腰を上げてしまわれる。そわそわされているので体調をお聞きしたところ、良いとのことだった。犬と遊んで疲れてませんか、とお聞きしたが、大丈夫とのことだった。昨日外へ出たそうにされていたので、モニタリングするよう介護職員に報告した。

　特別養護老人ホームにもさまざまな専門職が勤務しており、それぞれの視点からの情報をチーム内でタイムリーに共有することが常に求められる。記録作成においては、情報がどのように伝達されているか、またそれをもとに各員がそれぞれの役割と責任を果たしているかを記載することが望まれる。

例3／元の記録

年月日	時間	種別	事項	記録者
H23/5/30	6:00	ケース	朝の散歩に出かけられる。2階フロアを歩いて南側のユニットに行かれる。ゆっくりと慎重に歩かれている様子がうかがえる。しっかりと足を出され歩行安定。	A
H23/5/30	18:50	ケース	ご自身でも、歩行の不安定さや歩きづらさを感じておられるのか、居室前の手すりがある位置まで来ると左手で手すり、右手で杖を持ち、歩いておられた。[18]	B
H23/5/31	5:50	処置	いつもは歩きに行かれるが今日は、ベッドに横になりラジオを聞いておられる。「また歩きに行く」とおっしゃられた。[19]	C
H23/5/31	18:50	ケース	夕食後席より立ち上がろうとされるが、臀部が上がりにくい様子。近くで付き添い立ち上がっていただくが、その際少しふらつかれる。居室まで付き添い歩行行う。[20]	D

H23/6/1	5:50	事故	バイタル:血圧168mmHg/72mmHg。脈拍81回/分。隣室にて業務中、「ちょっと」と大きな声で呼ぶ声が聞こえる。すぐに駆け寄り、耳を澄ませると、お部屋から声が聞こえるため訪室したが、ご本人の姿が見当たらない。ベッドの向こう側と壁の間で足を延ばした状態で転倒されているのを発見する。痛みの有無を伺うも「どこも痛くない」と話される。介助して起き上がっていただき、ベッドまで手引きで誘導行う。[21]	E
H23/6/1	6:20	介護職員へ報告	バイタル:血圧129mmHg/65mmHg。脈拍64回/分。居室から出てこられようとされており、声をかけて再検行う。落ち着いたバイタルに戻っている。	E
H23/6/1	6:30	ケース	転倒されたこともあり、今朝は1階に下りられずリビングでテレビを見て過ごされる。[22] 歩行状態見守るが、一歩一歩慎重な足取りで前に進んでおられた。時間経過してからの痛みの有無を伺うが、「なんともない」と元気よく言われた。	E
H23/6/1	8:30	ケース	朝食後「ちょっと下まで行ってきます」と言われる。転倒があったこともあり歩けそうか訪ねると「大丈夫」と答えられる。[23] 気を付けて歩行するよう伝えると「はい」と言われ、散策へ行かれる。	D
H23/6/1	15:10	事故	バイタル:血圧167mmHg/63mmHg。脈拍61回/分。リビングにておやつの準備中、居室から「ドン！」と音が聞こえる。見ると居室を出たところで杖を手にしたまま座り込んで転倒されている。居室より出た際にバランスを崩し、転倒されたようである。その後リビングまで付き添い歩行し、おやつを食べられる。特に外傷なく、「どこも痛くないわ。大丈夫」と話される。[24]	D
H23/6/1	15:40	介護職員へ報告	バイタル:血圧109mmHG/51mmHg。脈拍54回/分。転倒から30分後に測定すると上記の値で、落ち着いている。	D

H23/6/1	18:40	ケース	夕食後、慎重な足取りで歩かれる。大丈夫か尋ねると「大丈夫です」と答えられるが、その後「こけたらよろしくお願いしますね」と話され、自身も歩行に不安のある様子がうかがえる。[25]	B
H23/6/2	19:00	ケース	リビングのトイレに自分で行かれ、出てきて扉を閉めようとする際にややバランスが悪い様子うかがえたので声をかけさせていただいた。「大丈夫。自分で行けます」と話されるが、歩行状態は腰が引けて一歩一歩バランスを取りながら歩かれており、不安定な状態であった。[26]	F
H23/6/3	10:00	介護職員へ報告	回診。転倒が頻回にあること、伝達受けた内容伝える。[27] 本人は歩行が難しくなってこけることが増えてきているとのこと。クロピドグレル75mg1錠/分1/朝14日分。	G

18 いつもと様子が違う、と観察から気づいているが、それについて特にアクションがない。

19 同上。

20 立位になりにくく、歩行が不安定と気づいたが、特にアクションがない。また、不調に気づいた担当者間（B、C、D）で情報が共有化されたか不明。

21 事故に対し、チーム内でどのように情報共有するか、医療フォローをどうするかが不明である。再発防止について特に言及がない。

22 「転倒」について言及しているが、観察し、本人の判断を確認するにとどまっている。

23 「転倒」について言及しているが、本人に口頭で注意喚起するにとどまっている。

24 24時間以内に2度目の転倒であるが、バイタル確認以外のアクションが不明である。

25 本人が不安を語っているが、それに対する具体的なアクションプランがない。

26 歩行が不安定であると観察しているが、本人の判断を確認するにとどまっ

ている。
27 誰の回診か、誰が誰に伝達しているのか、「伝達受けた内容」が何か、不明である。

以上の指摘を踏まえ、修正する例は次のとおりである。

▼

例3／修正例

年月日	時間	種別	事項	記録者
H23/5/30	06:00	ケース	朝の散歩に出かけられる。2階フロアを歩いて南側のユニットに行かれる。ゆっくりと慎重に歩かれている様子がうかがえる。しっかりと足を出され歩行安定。	A
H23/5/30	18:50	ケース	ご自身でも、歩行の不安定さや歩きづらさを感じておられるのか、居室前の手すりがある位置まで来ると左手で手すり、右手で杖を持ち、歩いておられた。歩きづらいか尋ねたところ、「少し、でも大丈夫」とのことだった。歩行に変化がないかモニタリングするよう、次シフトに申し送る。	B
H23/5/31	05:50	処置	いつもは歩きに行かれるが今日は、ベッドに横になりラジオを聞いておられる。「また歩きに行く」とおっしゃられた。引き継ぎより、昨夜から歩きづらいそうですがと尋ねると「はい、なので今朝は休みます」とのことだった。継続してモニターするよう申し送る。	C
H23/5/31	18:50	ケース	夕食後席より立ち上がろうとされるが、臀部が上がりにくい様子。近くで付き添い立ち上がっていただくが、その際少しふらつかれる。居室まで付き添い歩行行う。調子を尋ねると「ふらふらする」とのことだった。介護スタッフへ報告し、次シフトにモニタリングを申し送る。	D
H23/6/1	05:50	事故	バイタル：血圧168mmHg/72mmHg。脈拍81回／分。隣室にて業務中、「ちょっと」と大きな声で	E

				呼ぶ声が聞こえる。すぐに駆け寄り、耳を澄ませると、お部屋から声が聞こえるため訪室したが、ご本人の姿が見当たらない。ベッドの向こう側と壁の間で足を延ばした状態で転倒されているのを発見する。痛みの有無を伺うも「どこも痛くない」と話される。介助して起き上がっていただき、ベッドまで手引きで誘導行う。介護職員へ報告し、速やかに体調確認を依頼する。ベッドから滑り落ちたとのことだったので、再発防止のために手すりの使用を徹底するよう申し送る。	
H23/6/1	06:20	介護職員へ報告		バイタル:血圧129mmHg/65mmHg。脈拍64回/分。居室から出てこられようとされており、声をかけて再検行う。落ち着いたバイタルに戻っている。	E
H23/6/1	06:30	ケース		転倒されたこともあり、今朝は1階に下りられずリビングでテレビを見て過ごされる。歩行状態見守るが、一歩一歩慎重な足取りで前に進んでおられた。時間経過してからの痛みの有無を伺うが、「なんともない」と元気よく言われた。転倒後間もないので、経過観察するようご本人にお願いした。次シフトにモニタリングを申し送る。	E
H23/6/1	08:30	ケース		朝食後「ちょっと下まで行ってきます」と言われる。転倒があったこともあり歩けそうか訪ねると「大丈夫」と答えられる。気を付けて歩行するよう伝えると「はい」と言われ、散策へ行かれる。同行させていただくよう申し出ると快諾いただいたので、同行した。引き続きモニタリングするよう申し送る。	D
H23/6/1	15:10	事故		バイタル:血圧167mmHg/63mmHg。脈拍61回/分。リビングにておやつの準備中、居室から「ドン!」と音が聞こえる。見ると居室を出たところで杖を手にしたまま座り込んで転倒されている。居室より出た際にバランスを崩し、転倒されたようである。その後リビングまで付き添い歩行し、おやつを食べられる。特に外傷なく、「どこも痛くないわ。大丈夫」と話される。今朝のベッドからの転落と続いて	D

				いることを指摘、ご本人に十分注意するよう再度確認するとともに速やかに介護職員へ報告する。	
H23/6/1	15:40	介護職員へ報告		バイタル：血圧109mmHG/51mmHg。脈拍54回/分。転倒から30分後に測定すると上記の値で、落ち着いている。	D
H23/6/1	18:40	ケース		夕食後、慎重な足取りで歩かれる。大丈夫か尋ねると「大丈夫です」と答えられるが、その後「こけたらよろしくお願いしますね」と話され、自身も歩行に不安のある様子がうかがえる。回診の際、ご本人の不安が伝えられるよう申し送り事項に加える。モニタリングを継続するよう、次シフトに伝える。	B
H23/6/2	19:00	ケース		リビングのトイレに自分で行かれ、出てきて扉を閉めようとする際にややバランスが悪い様子うかがえたので声をかけさせていただいた。「大丈夫。自分で行けます」と話されるが、歩行状態は腰が引けて一歩一歩バランスを取りながら歩かれており、不安定な状態であった。付き添い歩行を行って補助をした。転倒後歩行が不安定な状態が続いていることを申し送る。	F
H23/6/3	10:00	介護職員へ報告		主治医による回診。同席し、6月1日の2回の転倒とそれに伴うご本人の不安について、申し送り事項を伝える。本人は歩行が難しくなってこけることが増えてきているとのこと。クロピドグレル75mg1錠/分1/朝14日分。	G

第3節

ケアマネジャーの記録

　ケアマネジャーの記録には、業務上要求されるさまざまな要素を盛り込まなければならず、介護保険制度の施行以来、経験則として知見はかなり蓄積されている。しかしここではあえて、部外者の目線で記録を見直し、問題提起をしてみたい。これは前段で述べた、記録が裁判官や裁判員の目にさらされる可能性、業界の中での前提が覆されうる事態を想定してのことである。また、ケアマネジャーの多くは別の専門性や資格を有しているが、社会からはさまざまなバックグラウンドを持つ専門家集団として、共通の意識と言語で記録を作成することが要求されている。

＊

　ここで取り上げる事例では、国から示されている「居宅介護支援経過」(第5表)の様式に、「関係機関・介護支援専門員の判断」と「利用者・家族の考え方」という欄が設けられており、SOAPフォーマットにかなり近い構成になっている。「内容」はS、O、P、「関係機関の判断」はO、「介護支援専門員の判断」はO、A、P、「利用者・家族の考え方」はS、Oに該当する。それぞれ、SOAPの項目が複数含まれるということは、話者がだれか、事実関係と考察・判断・対応の線引きがどこか、明確にする必要があるとも言える。以下、例を見てみよう。

例1／元の記録

年月日	区分	内容	関係機関・介護支援専門員の判断	利用者・家族の考え方
U年 V月W日	初回訪問、引き継ぎ、担当者会議	前任者のAケアプランセンターB氏と訪問。担当者が交代になる旨、お話しご了承いただく。その後ご本人様、長女様にサービスにつ	4	【長女】今後もよろしくお願いします。5

		いて説明し、署名捺印いただいた。[1] 担当者会議を実施。[2] ケアプランは前任者の計画をそのままにしてほしいと希望があった[3]ことから継続とした。		
U年 V+1月W日	定期訪問	体調不良があり入浴ができていないのでは。[6]	[7]	【本人】病院からもらっている薬を飲んだり、無理しないように休んでいるから大丈夫。[8]

1 何に署名捺印いただいたのかわからない。
2 参加者がだれか、不明。
3 本人からの希望であれば、なぜ継続かという根拠とともに利用者の考え方として記載する。
4 空欄だと、書き漏れか、判断を要しなかったのか、わからない。書くことがない場合は「なし」と書いておく。
5 長女のコメントはあるが、本人が担当者交代をどう受け止めたか不明。
6 体調不良と考えた根拠が不明。入浴できていないのでは、というのが所見であれば、それは判断の欄に記載する。
7 ケアマネジャーの所見がない。またそれに基づくアクションプランもない。空欄であれば「なし」と記載する。
8 本人が大丈夫と思っても、ケアマネジャーがそう考えなかったのであれば、その齟齬がわかるように書いたほうがよい。

以上の指摘箇所を修正する例は次のようになる。

▼

例1／修正例

年月日	区分	内容	関係機関・介護支援専門員の判断	利用者・家族の考え方
U年V月W日	初回訪問、引き継ぎ、担当者会議	前任者のAケアプランセンターB氏と訪問。担当者が交代になる旨、お話しし ご了承いただく。その後ご本人様、長女様にサービスについて説明し、居宅介護支援サービス契約・重要事項説明書・個人情報同意書について説明、同意をいただき、署名捺印いただいた。Cヘルパーセンター責任者同席のもと、担当者会議を実施した。	ご本人より、ケアプランの継続のご希望があった。サービスについて問題がないこと、ご本人の当面の生活に支障が見られないことから継続とした。今後モニタリングし、必要に応じてプランを見直すものとする。	《長女》今後もよろしくお願いします。《本人、長女》ケアプランは前任者の計画をそのままにしてほしい。ヘルパーさん、リハビリにも不満はない。
U年V+1月W日	定期訪問	めまい、頭痛など体調不良があるとのことである。	身だしなみが乱れており、体調不良から入浴できていないことが考えられる。主治医に相談するよう援助する。必要があればサービスを調整する。	《本人》病院からもらっている薬を飲んだり、無理しないように休んでいるから「大丈夫」、との弁である。

例2／元の記録

年月日	区分	内容	関係機関・介護支援専門員の判断	利用者・家族の考え方
X年Y月Z日	初回訪問	CヘルパーセンターD氏と同行訪問。⁹Eセンターの F ケアマネが担当していたが、今月途中	プラン内容についてご本人様としては、問題がないと申し出が	Fケアマネの計画については特に問題はない。ヘルパーさんもリハビ

第4章　記録の実際

		でGケアプランセンターの筆者に変更する旨を[10] ご本人、奥さまにご了承いただく。居宅サービス計画書を確認していただき、署名・捺印をいただく。来月利用表は事務所に置きっぱなしにしてきたので、[11]明日再訪問する。	あったことから、前任者のFケアマネのプランを引き続き実施していく。[12]	リの方の対応も不満はない。先日D氏に相談したが、買い物同行介助の曜日を1回増やして週末にお願いしたい。週末なら人や車が少ないので、安心して外出できる。[13]
X年Y月Z+1日	訪問	来月利用表を持参し内容を説明した際に、介護保険情報が前任のFケアマネの内容と異なるとご指摘を受ける。前任者からの情報〜要介護2、認定期間 X-1年〇月〜X+1年△月 であったが、利用表では「X-1年〇月〜X年△月」となっていた。	訂正した内容の書類は、来週訪問し確認いただくことになった。[14]	大事な情報なので、間違わないで記載してほしい。[15]

9 何のために同行訪問したか不明。

10 なぜセンター、担当者が変更になったのか不明。

11 「事務所に置き忘れた」では情報管理全体の信頼性が失われる。

12 本人が問題ないと言っただけでは、プランを見直さない根拠としては不十分である。また継続する場合はどのようなプランか、わかるようにしておく。

13 本人からの申し出がプランの見直しまたは改善に反映されていない。

14 ケアマネジャーの所見がない。再発防止について言及がない。

15 本人からの申し出がプランに反映されていない。本人にとっては事業所が違っても間違われたことには変わりがない。新しい担当者を信頼することが難しいことが予想される。

以上の指摘箇所を修正する例は次のようになる。

例2／修正例

年月日	区分	内容	関係機関・介護支援専門員の判断	利用者・家族の考え方
X年Y月Z日	初回訪問	CヘルパーセンターD氏と同行訪問し、ホームヘルプサービスについてご本人の希望をうかがった。EセンターのFケアマネが担当していたが、契約変更により今月途中でGセンターの筆者に変更する旨をご本人、奥さまにご了承いただく。サービス計画書を確認していただき、署名・捺印をいただく。来月利用表を確認いただくために明日再訪問する。	プラン内容についてご本人様としては、問題がないと申し出があったが、同時に買い物同行介助を増やす希望があり目標達成のために必要かと考えた。速やかにサービス追加の調整を行うことにした。また新規担当者である筆者に希望を率直に伝えていただけるよう、綿密にモニタリングとフォローを行い、新たな課題が見つかった場合は早急にプランを見直していく。明日再度訪問。	Fケアマネの計画については特に問題はない。ヘルパーさんもリハビリの方の対応も不満はない。先日D氏に相談したが、買い物同行介助の曜日を1回増やして週末にお願いしたい。週末なら人や車が少ないので、安心して外出できる。
X年Y月Z+1日	訪問	来月利用表を持参し内容を説明した際に、介護保険情報が前任のFケアマネの内容と異なるとご指摘を受ける。前任者からの情報〜要介護2、認定期間X-1年〇月〜X+1年△月であったが、利用表では「X-1年〇月〜X年△月」となっていた。	訂正した内容の書類は、来週訪問し確認いただくことになった。前任者の間違いについて現任者として謝罪した。以後十分気を付けるようにとご注意いただいた。再発防止のため、今後必ず書式の実物を見せながら説明することを約束した。	大事な情報なので、間違わないで記載してほしい。

介護予防支援経過記録を作成する場合も、何らかのアクションを起こすに至った背景として所見は必要であり、さらにその根拠が明記されていることが必要である。

例3／元の記録

年月日	区分	内容
X年 Y月Z日	訪問	本人と娘対応。[16] ペットボトルは前よりも開けられる。朝は開けづらい。リハの次の日はうまくいく。長時間歩くと疲れる。手に力が入るようになったらおしゃれしたいと笑顔だった。[17]
X年 Y+1月Z日	訪問	本人と娘対応。練習して、ペットボトルは開けられるようになった。来月はデイケアに行きたい。[18]
X年 Y+1月Z+7日	事業所へ連絡	Hデイケアに連絡し、見学の日程を1月Z+22日で調整した。
X年 Y+1月Z+22日	利用者に連絡	Hデイケアの感想を聞く。 初めてのところで知らない人ばかりで不安とのこと。[19] 歩行訓練のリハを再開することにする。[20]
X年 Y+2月Z日	事業所より連絡	訪問リハビリ担当I氏より、デイケアが合わないと感想があったと報告。デイケアでは個別の時間が短く、効率が悪いと訴えたとのことだった。電話をかけて家族に意思を確認。利用は今月のみとすることになった。[21]

16　娘とも話しているようだが、それがどう面接に影響しているか不明。
17　本人からの報告は書かれているが、それに基づくケアマネジャーの支援方針がわからない。機能回復の状況について、具体的でない。「笑顔だった」という観察が判断にどう影響しているかも不明である。
18　本人の希望は書かれているが、本人の準備度に対してケアマネジャーがどのように判断したのかが不明。
19　利用者からは不安が語られているが、なぜ歩行のリハビリを増やすことにしたのか不明。
20　再開するサービスを具体的に書く。
21　電話で家族とのみ話したように読める記載。本人の意思がどの程度確認できたかわからない（娘と同席していた際に関係性が良く、家族が代弁する

ことに支障がないとケアマネジャーが判断していたのであればそれがわかるような記載が望まれる)。もともと本人が希望して開始を検討したデイケアであれば、それを単に中断してしまうと支援が途切れてしまう。

　以上の指摘箇所を修正する例は次のようになる。A、Pを入れると判断、アクションプランが明確になり、第三者が見たときに読みやすい。SOAPフォーマットにしなければならないというしばりはもちろんないので、A、Pの使い方に神経質になることは(現時点では)ないが、Pは自分がどう対応したかという記録なので、項目立てをしなかったとしても意識して残すようにしよう。

▼

例3／修正例

年月日	区分	内容
X年 Y月Z日	訪問	本人と面接、後半は本人了承の上で家族が同席した。ペットボトルは以前は40％ぐらいだったのが、今は50％の確率で開けられる。朝は開けづらい。リハの次の日はうまくいく。長時間歩くと疲れる。手に力が入るようになったらおしゃれしたいと笑顔だった。[A]リハビリに前向きな様子が見られた。[P]現在のリハビリを継続し、回復に応じてケアプランの見直しを検討する。
X年 Y+1月Z日	訪問	本人と面接、後半は家族が同席。練習して、ペットボトルは開けられるようになった、来月はデイケアに行きたい、との希望が語られた。[A/P]ADLが順調に改善してきていると思われるので、さらに改善を促すためにデイケアへの紹介を検討、関係者との調整を開始する。
X年 Y+1月Z+7日	事業所へ連絡	Hデイケアに連絡し、見学の日程を1月Z+22日で調整した。
X年 Y+1月Z+22日	利用者に連絡	Hデイケアの感想を聞く。初めてのところで知らない人ばかりで不安とのこと。歩行が思わしくないため、慣れない場所に出向くことが不安とのことだった。[A/P]歩行訓練のリハ(第2,4週)を再開することにした。新しい場所での不安について傾聴した。デイケア利用について、継続してモニタリングを行う。

年月日	区分	内容
X年 Y+2月Z日	事業所より連絡	訪問リハビリ担当I氏より、デイケアが合わないと感想があったと報告。デイケアでは個別の時間が短く、効率が悪いと訴えたとのことだった。(P)電話をかけて家族に意思を確認した。利用継続について本人の意思を確認して検討するため、訪問を調整した。当面の利用について、リハビリが途切れないよう、今後の方針が決まるまで継続を打診したところ、家族経由で了承された。この点も合わせて訪問時に本人に確認することとする。

余計なことを書かない、と意識するあまり、情報を書かなさすぎの場合もある。

例4／元の記録

年月日	区分	内容
X年 Y月Z日	初回訪問	重要事項変更について説明し同意いただいたので、[22] 署名捺印いただく。
X年 Y月Z+18日	訪問	アセスメント。[23]
X年 Y月Z+20日	担当者会議	自宅訪問。別紙参照。[24] ケアプランの原案を作成し[25] 説明同意いただく。
X年 Y+1月Z日	訪問	自宅訪問。モニタリング。[26] 利用票の確認。ケアプランの交付。
X年 Y+2月Z日	利用者へ連絡	電話。妻が入院したと訪問介護より報告があったので[27] 生活に不自由がないか伺う。[28]
X年 Y+2月Z+16日	訪問	自宅訪問。モニタリング。アセスメント。[29]利用票の確認。妻が退院後まだ回復していないので入浴介助をヘルパーにしてほしい。来月はまだ今のままでもいいが再来月は対応可能ならお願いしたいとの意向。[30]
X年 Y+3月Z日	訪問	自宅訪問。モニタリング。[31] 入浴介助サービス利用に関して確認。妻は回復しているが入浴介助は不安がある。[32]
X年 Y+3月Z+2日	担当者会議	自宅。別紙参照。[33] ケアプランの原案を説明し修正する。[34] 利用予定の確認。

X年 Y+3月Z+7日	地域包括との連絡・相談	変更ケアプラン提出。
X年 Y+4月Z日	訪問	自宅訪問。モニタリング。[35] 利用票の確認。入浴介助は前回は体調不良で実施してないが、今週は実施予定とのこと。[36]
X年 Y+5月Z日	K地域包括へ引き継ぐ[37]	

22 何について誰に説明したのか不明。
23 第三者が見ると、何をアセスメントしたのか不明。本来記録はそれ自身で完結していなければならず、アセスメントの詳細について別紙に記載されていても、この記録に必要最低限の情報(本人が何と言ったか、どう判断したか等)は記載することが望まれる。
24 参加者が誰だったか不明。この記録に必要最低限の情報は記載したい。
25 ケアプランの原案について、どのように判断されて作成されたかわからない。
26 何をモニタリングしたのか、その結果どういうことがわかったのか、それがアクションプランにどうつながったのか、経緯が不明である。
27 訪問介護とのやり取りについて記録がない。家族の体調について、本人の記録についてどの程度記載するか、検討が必要である。
28 生活に不自由がないか、尋ねた結果がわからない。それに基づくアクションプランの見直しが必要だったかどうかも不明。
29 モニタリング、アセスメントの背景や経緯、判断が不明である。
30 利用者の希望はわかるが、それに対するケアマネジャーの所見、フォローを含むアクションプランが不明である。
31 モニタリングの背景や経緯、判断が不明である。
32 利用者の希望に対するケアマネジャーの所見が不明。この1か月、利用者は入浴していなかったのか、適正なサービスなり支援が提供されていたのか、支援が必要ないと判断されていたのか、これだけではわからない。
33 参加者がだれかわからない。
34 ケアプランがどう修正されたのか、それによってどんな問題が解消または低減されたのか不明である。

35 モニタリングの背景や経緯、判断が不明。
36 利用者の体調不良について、詳細や主治医との連携についての言及がない。今週そのまま実施することについて、ケアマネジャーの所見がない。
37 地域包括への引き継ぎについて、利用者とどのようなやり取りがあったのか、申し送りがどのようにされたのか不明。

修正案は次のようになる。

▼

例4／修正例

年月日	区分	内容
X年 Y月Z日	初回訪問	重要事項説明書と契約書について説明し同意いただいたので、署名捺印いただく。㋐担当者及び事業所変更に伴う不安について継続して傾聴する。ケアが途切れず提供されるよう、当面モニタリングを綿密に行う。
X年 Y月Z+18日	訪問	アセスメント。ご本人のADLと社会資源、サービスについて希望を中心に聞き取った。ヘルパー週1回、デイサービス週1回の現在のプランに改善の必要はないとの弁であった。㋐/㋐現在のプランで安定しており、問題が見られないので、当面継続する。必要に応じて速やかにプランの見直しをする。次回担当者会議、Y月Z+20日。
X年 Y月Z+20日	担当者会議	自宅訪問。Lヘルパーセンター M氏同席。ケアプランの原案を作成し説明同意いただいた。ヘルパー、デイサービスそれぞれ週1回の現在のプランで問題がないとのことで、継続する。資源として同居されている家族の協力を仰ぐことも継続する。
X年 Y+1月Z日	訪問	自宅訪問。利用票を確認した。ケアプランを交付した。ケアプランの実施状況を、ADL、社会資源、サービスの視点からモニタリングした。本人が継続希望されていることを確認した。
X年 Y+2月Z日	利用者へ連絡	電話。同居している家族が入院したと訪問介護より報告があったので生活に不自由がないか伺った。日常生活の介助は近隣に住む別の家族に助けてもらっているとのことで、特に必要がないとのことだった。㋐/㋐

			同居者がいなくなったために日々の体調変化のモニタリングが限定される危惧を伝えた。必要があれば他の家族との連絡調整やプランの見直しが可能であることを伝えた。
X年 Y+2月Z+16日		訪問	自宅訪問。ADL、社会資源、サービスの状況をアセスメントし、ケアプランの実施状況をモニタリングした。利用票の確認。「家族で入浴介助を続けるのが難しいので、ヘルパーにしてほしい。来月はまだ今のままでもいいが再来月は対応可能ならお願いしたい」との意向だった。A/P 今月中は家族で対応可能とのことで、本人の体調等に問題が見られなかったので、再来月からのヘルパー利用が妥当と思われ、次回調整することにした。
X年 Y+3月Z日		訪問	自宅訪問。ケアプランの実施状況をモニタリングした。入浴介助サービス利用に関して確認。家族は回復しているが入浴介助は不安があるとのことで、入浴介助サービスを来月より開始することとする。次回担当者会議はY+3月Z+2日実施。
X年 Y+3月Z+2日		担当者会議	自宅。LヘルパーセンターM氏同席。ケアプランの原案を説明し、入浴介助サービスについて追加修正する。利用予定の確認をした。
X年 Y+3月Z+7日		地域包括との連絡・相談	変更ケアプラン提出。K地域包括センターと引き継ぎを確認した。
X年 Y+4月Z日		訪問	自宅訪問。ケアプランの実施状況をモニタリングした。利用票の確認。入浴介助は先週は体調不良で実施してないが、今週は実施予定とのこと、体調不良については主治医に連絡済みとのことだった。A/P 契約内容変更に伴い、K地域包括センターに引き継ぐことを確認した。担当事業所・担当者変更に伴う不安について傾聴し、手続き上の質問を受けた。質問について新担当者に引き継ぐこととする。
X年 Y+5月Z日		K地域包括へ引き継ぐ	引き継ぎに当たり、利用者からの質問と不安について申し送った。

第4節
就労支援の記録

　就労支援とは、自立支援法に基づいて「福祉から雇用へ」と障害者の就労を促す上で提供される支援のことである。法制度は今後、大きく変化することが想定されるが、行政の財政を見れば福祉と産業の壁を越えた支援がますます必要とされるであろうことは明らかである。そこで、ここでは、就労を目指す、あるいはそれを継続しようとするクライアントを効果的に支援するツール、という視点で記録を検討してみたい。

＊

　産業場面に限ったことではないが、就労を見据えた支援で重要なのは、クライアント自身の病態を詳細に記述するよりも、それがなぜ就労に影響するかを客観的に記録することである。「うつである」ということよりも「気分が落ち込んでいて挨拶、ホウレンソウができない」「不眠で朝起きられず遅刻する」「不安である」というよりも「パニックになると指示をメモするのを忘れて、仕事がわからなくなる」「緊張して朝、腹痛を起こし、急行電車に乗れなくて遅刻する」といった記述にすれば、本人への介入も具体的になるし、職場との情報交換もスムーズになる。

例1／元の記録

○○/5/1（月）
12:00来所。これから二次面接に向かうとのこと。一次面接のときより、落ち着いていた。緊張はしていないが、頭の中をいろいろな回答が回っていると[1]。
15:40頃電話あり。面接が終わった。手ごたえはあまりなく、だめかもしれないと。うまく答えられなかった質問があるというのもあるが、以前働いているときのこと等、様々なことを詮索されて、あげくに説教された[2]。こんなうっとおしい上司[3]の下で働くのかと思うとモチベーションが下がった。で

も受かったら働くとのこと。(A)⁴

〇〇/5/2（火）
14:30～15:00面談。
昨日の面接は職歴について細かく確認されたので、ウソがばれたら怖い⁵。やたら給料のことを気にされた。結果は来週中待つように言われているが、今週中に連絡が来なければ週明けにＨＷ⁶へ行き検索してオープン求人⁷を受けようと思うとのこと。
人材派遣Ｘ社を紹介すると、興味を持ったので次回そのサービスＹを紹介することとした。(A)⁸

〇〇/5/4（木）
11:00まで他利用者と話しながら過ごし帰宅。
帰宅後電話あり。先日受けた企業から不採用通知が届いていた。受かると思っていたのでショックでどうしたら良いかわからない。昨日もテレビを買おうと電器屋に行った。まわりにも受かると思って話してしまったのでどんな顔を見せたらよいのか……。と相当落胆している様子。明日面談して欲しいとのこと、辛かったら今日でも構わないので連絡くれるよう伝える。⁹
13:00再来所。面談希望。
13:10～14:00面談。
今後どうしていったら良いのか見えない。ショックだが以前のように寝込むことはないと思う。条件を下げることを提案¹⁰。
生保にはなりたくない。これ以上条件を下げることは考えられない。そんなことをしてまで働く意味があるのか、モチベーションが下がって辞めるかもしれない。でも今の条件のまま受かるともわからない。
今の条件で探してずっと見つからない状態より、条件を落として少しでも稼ぐことも大切では、切り詰めて生活することも考えなくては、と伝えるも、「自分にはそういう考えはできない」と¹¹。
15:00 帰宅 (A)¹²

〇〇/5/5（金）
朝から来所。特にショックなく立ち直ったと元気そう。
午前中ＨＷにて求人検索、昼頃帰所しクローズ¹³で4件見つけたと持参。

センター担当者C氏・D氏と面談。C氏より7月までに就職しないとお金が底をつく状況。D氏よりZ社とつなげたいと思っているがもう少し時間が欲しいので、就活は続行しておいて欲しい。近いうちに関係者と本人で面談し今後のことを話し合いたいとの申入れあり、検討。[14]
15:30〜面談。求人を見ながら話。給料が良く平日休みが取れる(外来で休める)ことを条件に検索してきたと、営業・事務・軽作業のまったく種類の違うものを選んできた。この求人に応募したとき、志望動機を言えるのか聞くと言葉が詰まった。危機感はあるかと訊くとそれほど焦ってはいない様子。本当にやりたいことは何か再度考えていこうと伝える。(A)[15]

1 話者が不明。
2 本人の言であることを明確にするか、別の表現を検討する。仮に本人がよく使うキーワードであれば、二重鍵かっこなどを使い、その表現を残す意図を明確にする。
3 同上。
4 所見、介入が不明。
5 2、3に同じ。本人の言であることを明確にする。
6 略語は極力避ける。
7 筆者注、障害者枠の求人のこと。
8 アクションプランは書かれているが、本人の言に対する所見が不明である。
9 複数の話者の言が混在している。
10 本人の報告とこちらのアクションプランのつながりがわかりにくい。
11 9に同じ。話者が誰であるかわかりにくい。
12 本人の希望と求人の現状とのギャップについての所見、アクションプランがない。
13 筆者注、一般求人のこと(障害を伏せて応募する)。
14 9、11に同じ、話者が誰であるかわかりにくい。
15 本人の長期的目標が不明のため、アクションプランと本人の状況の関連がわかりづらい。

すでに述べたように、記録では話者を明確にすることが望まれる。本人の見解と援助者側の所見に相違がある場合、本人の主張を汲み取りつつ、専門家としての明確に伝えることが必要であり、それを記録に残すことが望まれるからだ。鍵かっこを使ったりして、誰の言であるか、発言内容に対する責任を明瞭にすることを心掛けたい。

指摘した点について修正した例は次のとおりである。危機介入についてはA、プランについてはPを使い、アセスメントとプランが明らかにわかるフォーマットにしてみた。

▼

例1／修正例

〇〇/5/1（月）
12:00来所。「これから二次面接に向かう。一次面接のときより、落ち着いていた。緊張はしていないが、頭の中をいろいろな回答が回っているとのことだった。

15:40頃電話あり。「面接が終わった。手ごたえはあまりなく、だめかもしれない。うまく答えられなかった質問があるというのもあるが、以前働いているときのこと等、様々なことを訊かれていろいろと言われた。こんな『うっとおしい』上司 の下で働くのかと思うとモチベーションが下がった。でも受かったら働く」とのことだった。

[P] 面接を終えたこと、報告してくれたことについてフィードバックし、次回来所の際さらに振り返ることを提案した。(A)

〇〇/5/2（火）
14:30　15:00面談。
「昨日の面接は職歴について細かく確認されたので、ウソがばれたら怖い。やたら給料のことを気にされた。結果は来週中待つように言われているが、今週中に連絡が来なければ週明けにハローワークへ行き検索してオープン求人を受けようと思う」、とのことだった。

[P] 人材派遣X社を紹介すると、興味を持ったので次回そのサービスYを紹介することとした。職歴について「ウソ」をついた、と発言があったので、さらに聞き取った。質問に率直に質問に答えらえるように、次回面接までにロールプレイで練習することを提案したが、本人が拒否した。継続的に

面接の様子を精査することにし、練習方法を検討することとした。(A)

○○/5/4（木）
11:00まで他利用者と話しながら過ごし帰宅。
帰宅後電話あり。「先日受けた企業から不採用通知が届いていた。受かると思っていたのでショックでどうしたら良いかわからない。昨日もテレビを買おうと電器屋に行った。まわりにも受かると思って話してしまったのでどんな顔を見せたらよいのか……。」と相当落胆している様子だった。「明日面談して欲しい」とのこと、辛かったら今日でも構わないので連絡くれるよう伝える。
13:00再来所。面談希望。
13:10～14:00面談。
「今後どうしていったら良いのか見えない。ショックだが以前のように寝込むことはないと思う。」とのことだった。以前寝込んでいたことについてさらに聞きとり、今回なぜそうでないと思うか聞いたところ、事業所に通えて相談もできているから、とのことだった。目標を現実的にするために、本人の希望と求人の傾向を比較して、条件を下げることを提案した。
本人は「生保にはなりたくない。これ以上条件を下げることは考えられない。そんなことをしてまで働く意味があるのか、モチベーションが下がって辞めるかもしれない。でも今の条件のまま受かるともわからない。」と条件を下げることは拒むが、迷っている様子であった。
今の条件で探してずっと見つからない状態より、条件を落として少しでも稼ぐことも大切では、切り詰めて生活することも考えなくては、と伝えるも、「自分にはそういう考えはできない」と条件を維持する意向であった。
[P]今後、求人市場について継続的に直面化し、現実的な雇用条件を検討する機会をもつこととする。
15:00 帰宅。(A)

○○/5/5（金）
朝から来所。特にショックなく立ち直ったと元気そう。
午前中ハローワークにて求人検索、昼頃帰所しクローズで4件見つけたと持参。
センター担当者C氏・D氏と面談。C氏より7月までに就職しないとお金が

底をつく状況が報告された。D氏よりZ社とつなげたいと思っているがもう少し時間が欲しいので、就活は続行しておいて欲しい、近いうちに関係者と本人で面談し今後のことを話し合いたいとの申入れあり、検討し、当該会議までの各自の役割分担を確認した。

15:30～面談。求人を見ながら話。給料が良く平日休みが取れる（外来で休める）ことを条件に検索してきたと、営業・事務・軽作業のまったく種類の違うものを選んできた。この求人に応募したとき、志望動機を言えるのか聞くと言葉が詰まった。危機感はあるかと訊くとそれほど焦ってはいない様子であった。就労を含めた本人の今後の希望と目標、および現在の状況について検討した。長期的目標：不明。短期的目標：一人暮らしするのに十分な給与を確保すること。

[P]長期的に本当にやりたいことは何か再度考えていこうと伝える。(A)

例2／元の記録

○○/5/9（火）
　朝面談。表情硬く元気がない。
　先週親とケンカをして、少し気分が落ちてしまった。考えすぎて金曜日は死にたくなったが、これはいけないと思い、土曜日にはセンターへ行ったり、日曜日には友達の家へ行ったりしていた。いろいろと考えてしまいボーっとしてしまう。昨日は事業所の近くまで来たが、表情が硬く笑顔が作れないため、事業所の雰囲気を悪くしてしまうのではないかと思い帰ってしまった。今日は来たものの集中できない。面談後、少し表情明るくなり、笑顔も見られたが、まだ元気はない[16]。
　面談後、一旦帰るが12:40頃再び来所。
　午前PC講座に参加。体調悪くて15分で退席。
　午後講座に参加。自分の経験を参加者に話しアドバイスする場面みられる。やはり少し元気がない。(B) [17]

○○/5/11（木）
　午前事務ルームで、パソコン作業を行っていた。少し元気がなかった[18]。

12:00帰宅（A）

〇〇／5／15（月）
　面談：このままだと6月末には生活費がなくなる。6月末に収入が入らないと7月からの生活ができない。年金が、7月半ばにはいることを考慮しても、6月中に16～17万円稼げる仕事に就きたい。ただ年金の5万円／月を考えると12万円稼げばOK[19]。
本人の提案事項より、
［5月15日～6月3日にすること］
　1 クローズで求人欄などから応募できる物件に応募（月17万）
　2 以前に勤めていた会社にアポイントを試みて病気が良くなったことを伝え、再度、勤められないか聞いてみる（会社に不安要素あればパートからでも）正社員であれば月35万ぐらいになると思う。
［6月4日～20日にすること］
　1 クローズで求人欄などから応募できる物件に応募（月12万程度）
　2 アルバイトを考える。
　　※収入を最低限安定させ、本来の就職活動が行えるように配慮する。
　　　ここまでで繋ぎのアルバイトが決まらなければ生活保護や社会福所協議会（無利子10万程度）からの貸与等を考える。
　Aも求人を探し6月1日から本人に提案[20]。（A）

16 話者が不明。
17 自殺念慮について、何らかのアセスメント、介入、今後のプランの策定がなされたのか不明。
18 具体的にどう元気がなかったのか、直近の自殺念慮との関連性などが不明。
19 OKと考えたのが本人なのか、援助者の提案なのか不明。
20 本人の希望の給与金額と求人の金額、あるいは援助者側の提案する金額に大きな開きがあるが、適正な直面化がなされているのか不明である。

　以上の指摘内容を反映した修正例は次のとおりである。

例2／修正例

○○/5/9（火）
朝面談。表情硬く元気がない。
「先週親とケンカをして、少し気分が落ちてしまった。考えすぎて金曜日は死にたくなったが、これはいけないと思い、土曜日にはセンターへ行ったり、日曜日には友達の家へ行ったりしていた。いろいろと考えてしまいボーっとしてしまう。昨日は事業所の近くまで来たが、表情が硬く笑顔が作れないため、事業所の雰囲気を悪くしてしまうのではないかと思い帰ってしまった。今日は来たものの集中できない。」との報告があった。

[A] 自殺念慮についてさらに聞き取ったところ、金曜日以降ない、具体的な方法は考えていない、これまでに落ち込んで死にたくなったことはあったが、過去1年自殺念慮、自殺企図ともなかったとのことだった。社会資源を活用したことについてポジティブフィードバックを提供した。体調の変化について主治医に相談するよう勧めたところ、明日受診するとのことだった。面談後、少し表情明るくなり、笑顔も見られたが、まだ元気はなかった。

[P] 今後死にたくなったら、同様に資源を活用すること、事業所で職員に速やかに相談することを促したところ、本人了承した。また担当者Aが不在でBが対応したため、Aに申し送ることを伝えた。
面談後、一旦帰るが12:40頃再び来所。
午前PC講座に参加。体調悪くて15分で退席。
午後講座に参加。自分の経験を参加者に話しアドバイスする場面みられる。やはり少し元気がない。Aに申し送りした。(B)

○○/5/11（木）
午前事務ルームで、パソコン作業を行っていた。少し元気がなかった。
[A/P] 申し送りのあった家族とのエピソードと自殺念慮、受診について聞き取った。昨日受診し、処方が調整されたとのことだった。次回受診は来週水曜日。この1カ月、仕事のことで家族と険悪で、気持ちがだんだん落ち込んできていたとのこと。先週末以降はケンカはなく、自殺念慮もないが、

まだ気分が晴れないとのことだった。死にたくなったり気分が落ち込んだりしたら速やかに報告してもらうよう促した。
12:00帰宅（A）

○○／5／15（月）
面談：このままだと6月末には生活費がなくなる。6月末に収入が入らないと7月からの生活ができない。年金が、7月半ばにはいることを考慮しても、6月中に16〜17万円稼げる仕事に就きたい。ただ年金の5万円／月を考えると12万円稼げばOK、と提案したところ、その金額ではモチベーションが上がらないが仕方がないとのことだった。目標について整理、長期的目標は家族を持って普通に生活する、短期的目標は一人暮らしをするのに十分な給与を確保する、ということだった。求職活動がはかどらないことについて本人の見解を聞いた。「ぴったりくる仕事があれば、生活できるはず」とのことだった。「ぴったりくる仕事」とは十分な収入（月35万円程度）がある仕事、具体的には前職（小売業）。退職に至った経緯を振り返った。「発病し、欠勤が続いた。今は良くなったがフルタイムで仕事をすることはまだ難しい。ブランクがあるので、職歴をつけないと採用してもらえない」と本人の弁。また最近体調が安定していないので、向こう3カ月は体調の回復を優先させながら、当面の生活維持と職歴をつけるための求職活動に方向転換することで合意した。

本人の提案事項より、
[5月15日〜6月3日にすること]
1 クローズで求人欄などから応募できる物件に応募（月17万）
2 以前に勤めていた会社にアポイントを試みて病気が良くなったことを伝え、再度、勤められないか聞いてみる（会社に不安要素あればパートからでも）正社員であれば月35万ぐらいになると思う。

[6月4日〜20日にすること]
1 クローズで求人欄などから応募できる物件に応募（月12万程度）
2 アルバイトを考える。
　※収入を最低限安定させ、本来の就職活動が行えるように配慮する。
　ここまでで繋ぎのアルバイトが決まらなければ生活保護や社会福所協議会（無利子10万程度）からの貸与等を考える。
P Aも当面の生活と職歴をつけるための求人を探し6月1日から本人に

提案。(A)

　体調が安定していたり、就職活動を活発に行っていなかったりするクライアントの場合、第三者と共有する必要のある情報がそれほどなく、記録も少なくなることがある。そんな時に無理に記録の分量を増やす必要はもちろんない。むしろ、その事業所内の指針に沿って定期的に支援計画を見直し、目標達成の進捗や修正を検討したことを記録として残すことが望まれる。記録の内容を意識することで、支援そのものを効率的に行えるようになる。

例3／元の記録

△△／2／5（月）
午前、面談と自習[21]。(A)

△△／2／7（水）
午前SST講座に参加[22]。(B)

△△／2／8（木）
午前事務トレーニング、午後スポーツに参加。(A)
丁寧な言葉遣いだった。ゆっくり話すよう伝えた[23]。(C)

△△／2／9（金）
午前PC講座参加。課題を時間内に作成出来た。忘れてしまったところもあり、復習が大事だと思ったとのこと[24]。(A)

△△／2／13（火）
午前就職準備講座に参加。生活の工夫は「1人の時間をたいせつにすること。映画や音楽を楽しむ」と発言。フケが多く衣服も清潔感がなかった[25]。(D)

△△／2／14（水）
13:45〜15:20面談。
・事業所にはだいぶ慣れて、利用者との交流も増えて順調。天気の悪い日は

気分が沈み緊張感も増すため午前で早退することがある。緊張感を取り除くことが課題。職員は忙しそうでなかなか声をかけられない。職員を会社の先輩と思い職場での声のかけ方の練習台にしてはと伝える[26]。

・家族・生活について

妻とは友人を介して知り合い結婚、喧嘩することもあったが仲良くやってきた。今月からパートを始めたので[27]、家事は洗濯以外は自分が行っている。掃除はたまにしかやらないのでゴミが散乱している。妻は料理は苦手[28]。自分も学生時代1人暮らししていた経験があるが簡単なものしか作らずほとんど惣菜を買ってきて食べている。

生活費は親からの仕送りプラス今月から妻のパート代。ふろなしのアパートに2年前から居住。引っ越したいが公営住宅はなかなか当選せず、アパートも初期費用が捻出できない。追いつめられてはいないが経済苦の状況。障害年金をもらえる可能性はあるかと質問あり、現在手帳[29] 3級、厚生年金加入中に初診（内科）あり以後4年通院したのち現Cli[30]転院。おそらく受給要件は満たしているが未納期間もあるとのこと、年金事務所で確認の上主治医と相談し、厚生年金だけでも受給できると良いのではと伝える[31]。

頭髪の乱れを指摘すると、鏡を見る習慣がなく気付かなかったと[32]。風呂がないため入浴は銭湯利用。週1回程度。洗濯も週1回、下着や服も毎日は変えず着替えず寝てしまうこともたびたびと。銭湯は週1回でもせめて2日に1回は洗髪・清拭すること、下着や直接肌に触れる衣服は毎日取り替えること、洗濯も水道代を気にしないのならば2日に1回は行った方が良いと伝える。個別支援計画の目標にも「清潔と身だしなみ」を取り入れることで合意[33]。

現在、生活相談できる相手はPHN[34]位だがあまり機能していないとのこと、地活センターなどの支援機関利用を今後検討することとした。(D)

21 面談と書かれているが詳細が不明、提供したサービスの内容がわからない。
22 SSTに参加した際の所見が不明。
23 観察、アクションプランが書かれているがつながりがよくわからない。
24 本人の気づきに対して、フィードバックがない。
25 セルフケアの減退が疑われるが、所見、アクションプランがない。

26 話者がわかりにくい。
27 主語がわかりにくい。
28 クライアント家族の情報がどの程度必要か、検討する。
29 何の手帳なのかわからない。
30 略語がわかりづらい。
31 話者が不明、複数の主語が混在している。
32 同じく、話者が不明。
33 アクションプランはあるが所見がない。
34 略語がわかりづらい。

以上の指摘内容を反映した修正例は次のとおりである。

▼

例3／修正例

△△／2／5（月）
　午前、面談と自習。[S/O]事業所に慣れてきた。他のメンバーとも交流できている。ワープロの講座など参加していて楽しいとのことだった。[A/P]来週、担当者との面談があるので、それまでに課題と進捗状況の整理をしておくよう促した。（A）

△△／2／7（水）
　午前SST講座に参加。グループワーク中、緊張したようで自分からの発言がほとんどなかった。質問されるときちんと答えていた。（B）

△△／2／8（木）
　午前事務講座、午後スポーツに参加。（A）
　丁寧な言葉遣いだったが、緊張から早口で声が小さく、聞き取りにくかった。本人にゆっくりと、できるだけ大きな声で話すよう伝えた。（C）

△△／2／9（金）
　午前PC講座参加。課題を時間内に作成出来た。忘れてしまったところもあり、

復習が大事だと思ったとのこと。客観的に振り返れたことにフィードバックし、今後どう復習を組み込むか、次回面談の際に担当者と相談するよう促した。(A)

△△/2/13（火）
午前就職準備講座に参加。生活の工夫は「1人の時間をたいせつにすること。映画や音楽を楽しむ」と発言。フケが多く衣服も清潔感がなかった。A/P 病状が安定していないことが疑われる。情報共有してモニタリングすることとする。また明日の面談で本人にフィードバックすることとする。(D)

△△/2/14（水）
13:45　15:20 面談。
・本人より、「事業所にはだいぶ慣れて、利用者との交流も増えて順調。天気の悪い日は気分が沈み緊張感も増すため午前で早退することがある。緊張感を取り除くことが課題。職員は忙しそうでなかなか声をかけられない。」と報告があった。職員を会社の先輩と思い職場での声のかけ方の練習台にしてはと伝える。
・家族・生活について
妻とは友人を介して知り合い結婚、喧嘩することもあったが仲良くやってきた。妻が今月からパートを始めたので、家事は洗濯以外は自分が行っている。自分は学生時代1人暮らししていた経験がある。掃除はたまにしかやらないのでゴミが散乱している。料理は妻も自分も簡単なものしか作らずほとんど惣菜を買ってきて食べている。
生活費は親からの仕送りプラス今月から妻のパート代。ふろなしのアパートに2年前から居住。引っ越したいが公営住宅はなかなか当選せず、アパートも初期費用が捻出できない。「追いつめられてはいないが経済苦の状況。」障害年金をもらえる可能性はあるか。現在精神障害者手帳3級、厚生年金加入中に初診（内科）あり以後4年通院したのち現クリニックに転院。おそらく受給要件は満たしているが未納期間もある。
こちらより、年金事務所で確認の上主治医と相談し、厚生年金だけでも受給できると良いのではと伝える。
（こちらから頭髪の乱れを指摘すると）鏡を見る習慣がなく気付かなかった。風呂がないため入浴は銭湯利用。週1回程度。洗濯も週1回、下着や服も毎

日は変えず着替えず寝てしまうこともたびたび。

清拭について尋ねたところ、これまでと特に変わらないとの返答だった。また特に体調が悪化していることはなく、受診・服薬もできているとのことだった。しかし、現在、生活相談できる相手は保健師位だがあまり機能していないとのことだった。

[A/P]本人の言によれば、体調悪化ではなく資源不足によるセルフケアの減退と思われるので、具体的なアドバイスをすることとした。銭湯は週1回でもせめて2日に1回は洗髪・清拭すること、下着や直接肌に触れる衣服は毎日取り替えること、洗濯も水道代を気にしないのならば2日に1回は行った方が良いと伝える。個別支援計画の目標にも「清潔と身だしなみ」を取り入れることで合意。

また生活相談の資源として地活センターなどの支援機関利用を今後検討することとした。

次回面談は2週間後28日の予定。必要に応じて職員に声をかけるよう促した。(D)

例4／元の記録

△△/2/16（金）
　午前 PC 講座に参加。新しい機能を覚えて良かったとのこと。操作、スピード問題なし。(D)

△△/2/21（水）
　午前就労 SST 参加。(A)
　上司役になったが、声が小さい。自主的発言なし[35]。(C)

△△/2/23（金）
　午前就職準備講座、午後清掃講座参加。大変熱心に取り組んでいた。(B)
　来月の職業評価へ参加を促したところ了解[36]。(D)

△△/2/26（月）
　午前ワーク（ポジティブシンキング）参加[37]。(A)

△△/2/27（火）
　午前PC講座に参加。複数選択する方法が分かって良かったとのこと。指示出し・操作役は問題なし[38]。(B)

△△/2/28（水）
　午前事務講座参加、午後は通院のため帰宅。(A)
　サブリーダーになる。自分からの発言は少なく、リーダー役に聞かれたことに答えるだけだった。他の人への指示もなかった。リーダーの支えになれなかったことを反省しているとコメントあり[39]。(C)

---

[35] 観察の記載があるが、フィードバックされたのか不明である。
[36] 提案の背景が不明である。
[37] 活動中の様子、今後のアクションなどが不明である。
[38] 本人のコメント（S）、観察（O）はあるが、アセスメント、プランがない。
[39] 同上。

　短い記録であっても、随時支援計画の振り返りを行うことで、第三者への説明に足るものになる。修正の例は次のとおりである。

▼

例4／修正例

△△/2/16（金）
　午前PC講座に参加。新しい機能を覚えて良かったとのこと。操作、スピード問題なし。(D)

△△/2/21（水）

午前就労SST参加。(A)
上司役になったが、声が小さい。自主的発言なし。本人にフィードバックしたところ、「わかっていたけど緊張してできなかった、次は頑張ります」とのことだった。(C)

△△/2/23（金）
午前就職準備講座、午後清掃講座参加。大変熱心に取り組んでいた。(B)
本人はできるだけ早く就労したいと希望しているので、課題を明確にするために来月の職業評価へ参加を促したところ了解。(D)

△△/2/26（月）
午前ワーク（ポジティブシンキング）参加。自分からの発言はなかった。リーダーから指されると発言していた。就労を目指す上で重要なスキルであると伝え、今後積極的に参加していただくよう勧めた。(A)

△△/2/27（火）
午前PC講座に参加。複数選択する方法が分かって良かったとのこと。指示出し・操作役は問題なし。[A/P]PCの講座は本人が楽しみにしているようで、スキルアップしている。本人の就労意欲を維持・強化するのに、継続してPC講座に参加していただくよう勧めた。(B)

△△/2/28（水）
午前事務講座参加、午後は通院のため帰宅。(A)
サブリーダーになる。自分からの発言は少なく、リーダー役に聞かれたことに答えるだけだった。他の人への指示もなかった。リーダーの支えになれなかったことを反省しているとコメントあり。[A/P]グループ場面では緊張がより顕著になり、発言ができなくなる。本人の自己評価が下がっている。今後、まずは役につかないでグループの冒頭で2回発言することを練習する。それができるようになったら、改めてサブリーダーに挑戦することを提案した。本人も了解した。
なお、本日定期面談の予定だったが通院でリスケジュールとなった。来週3月5日（月）実施の予定。(C)

第5節
カウンセリングの記録

　カウンセリングと呼ばれる業務は、病院や教育、産業、福祉、行政など、さまざまな場面にあり、記録に含まなければならない内容は、その職場に応じて多岐にわたる。しかし、臨床心理の専門家としてカウンセラーに期待される専門性、という観点から記録をとらえることで、それぞれの現場にも生かせる共通点に気づいていただけると思う。

＊

　ここで取りあげる事例は、カウンセリングに特化した事業体の記録である。クライアントと1対1で長時間、継続的に関わり、第三者が関与することが少ない、という特徴は多くのカウンセリング場面にも見られる。このような状況でいかに客観的な記録を作成するか、見ていこう。

例1／元の記録

〚インテーク日付〛20××年×月×日

〚相談の目的〔主訴〕〛
　　言いようのない不安がある。朝吐気がする。眠れない。
　　上司とうまくいかない。

〚初回相談の概要：経過や現在の状況など〛
　　大学卒業後△△商事[1]に就職。今年度末で丸6年勤務。1年前より不調、会社を休みがちになる。6ヶ月前に休職、先週復職。

〚成育歴〛
　　〇年〇月　東京生まれ。
　　〇年〇月　〇×高校卒業[2]。

○年○月　凸凹大学工学部入学[3]。
○年○月　凸凹大学工学部卒業。現在の会社に入社、現在に至る。

【治療歴など】

1年前より、心療内科に通院。不安障害と診断される。
セディール5mg×2
ドグマチール50mg×2
マイスリー5mg[4]

【家族等の状況：ジェノグラムなど】

CL：28歳、一人暮らし
父：59歳　公務員
母：54歳　主婦、パート。以前は、父と同じ職場に勤めていた。結婚後退社。
姉：30歳　会社員、既婚

【見立てと方針】

・見立て

肩の緊張あり。うつむき加減の姿勢。しばしば、喉の辺りをさわるしぐさ。論理的な思考はできる。会話に一貫性あり。カジュアルで、清潔な身なり（ブルーのセーター＋パンツ）。[5]

・方針（目標設定等）

十分な睡眠が取れること。将来の進路（このまま今の会社で働くか、転職するか？）を明確にすること。[6]

・具体的なセッションの進め方

2週間に1度の個人セッション。期間は半年程度。

1　具体的に社名を出すか出さないか、吟味が必要。

2,3　学校名が支援上、有用な情報か、吟味が必要。たとえば地元で有名な学校卒業ということから、明らかに周囲の過大な期待があって、それが本人のプレッシャーになった、それが現在の不調の原因である、というような場合は言及し、同時に見立てや支援計画にも反映させる。そうでなければ記載しなくてもよい。

4　医療的介入や投薬について記載する場合、業務範囲との整合性を取る必要がある。別の医療機関から処方されているのであれば、その情報を併せて

5　カウンセラーによる観察（O）は書かれているが、それが本人の問題にどう寄与しているか、またこのあとの方針とどうつながるかが不明瞭。
　　6　主訴である不安について言及がない。将来の進路について、それが本人の問題とどうつながっているかが不明。

以上の内容を指摘した点の修正例は、次のようになる。

例1／修正例

〖インテーク日付〗20××年×月×日

〖相談の目的〔主訴〕〗
　　言いようのない不安がある。朝吐気がする。眠れない。
　　上司とうまくいかない。将来の進路について、このまま今の会社で働くことが不安である。これまでこんな風に調子が悪くなることはなかった。

〖初回相談の概要：経過や現在の状況など〗
　　大学卒業後現在の会社に就職。今年度末で丸6年勤務。
　　休職に至った経緯は、2年前に異動してきた上司から皆の前で怒られる。「お前なんか必要ないんだよ」、「代わりは、いくらでもいる」など。上司からの説教に中間管理者も同調する。上司の異動前は評価されていると思っていた。1年程前から、会社に行くのがおっくうになり、会社で何も発言できなくなる。出社前の吐き気がひどくなり、会社を休みがちになり、6ヶ月前より休職した。
　　先週復職したが、上司とは目もあわせられない。逃げるように会社から帰る。

〖成育歴〗
　　○年○月　東京生まれ。
　　○年○月　高校卒業。
　　○年○月　大学（工学部）入学。
　　○年○月　大学（工学部）卒業。現在の会社に入社、現在に至る。

〖治療歴など〗
　１年前より、○○心療内科に通院。××医師より不安障害と診断され、投薬治療を開始した。現在の処方は
　　セディール５mg×２
　　ドグマチール50mg×２
　　マイスリー５mg

〖家族等の状況：ジェノグラムなど〗
　CL：28歳、一人暮らし
　父：59歳　公務員
　母：54歳　主婦、パート。以前は、父と同じ職場に勤めていた。結婚後退社。
　姉：30歳　会社員、既婚

〖見立てと方針〗
　・見立て
O：肩の緊張あり。うつむき加減の姿勢。しばしば、喉の辺りをさわるしぐさ。論理的な思考はできる。会話に一貫性あり。カジュアルで、清潔な身なり（ブルーのセーター＋パンツ）。
A：面接中にも緊張してのどのあたりを触るなど、不安が強い様子が見られる。論理的な思考ができる、セルフケアができていることから、抑うつ症状はあまり見られない。今回のエピソード以前は受診歴等なく、とくに精神症状も見られなかった。また、職場での評価も悪くなかった様子である。そのため、出勤がおっくう、発言できない、出勤前の吐き気といった不安症状は異動してきた上司からの発言で喚起されていると思われる。
　・方針（目標設定等）
体調を回復させ、本来のパフォーマンスを取り戻す。
1）治療による不安症状の低減と睡眠の確保。
⇒主治医と情報共有し、連携する。
2）セルフケア能力を高める。
⇒カウンセリングにより、テクニックを紹介する。長期的にやりがいをもって働く。
1）このまま今の会社で働くか、転職するか、将来の進路を明確にする。
⇒キャリアカウンセリング、支援的カウンセリングで検討する。
　・具体的なセッションの進め方

> 2週間に1度の個人セッション。期間は半年程度。

例2／元の記録

〚カウンセリング内容〛
×1/16 第1回 50分
　復職して1週間。
　CLによれば：休職に至った経緯は、2年前に異動してきた部長から皆の前で怒られる。「お前なんか必要ないんだよ」、「代わりは、いくらでもいる」など。部長からの説教に課長も同調。部長が異動してくる前は、CLは、課長から評価されていると思っていたとのこと。その結果、1年程前から、会社に行くのがおっくうになり、会社で何も発言できなくなる。出社前の吐き気がひどくなり、会社を休みがちになり、6ヶ月前より休職。
　先週復職したが、部長とは目もあわせられない。逃げるように会社から帰る。[7]
　CLは、うつむき加減で、アイコンタクトがほとんどない。両手にかすかな震えが観察される。
　アイコンタクトの練習（ThとCLが見つめ合う）を行う。
　Thより、部長の行為はモラルハラスメントの可能性があることを伝える。モラルハラスメントの特徴のうち、「話が長い」、「カテゴリーエラーが多い」、「朝令暮改」などが当てはまることを伝える。[8]
　リラクゼーションのための呼吸法（足の裏を意識し、やや深くゆっくりした呼吸をする）を伝える。このリラクゼーション法を練習することをHW[9]とする。

×2/3 第2回 50分
　CLによれば：オフィスにいるだけで緊張する。休職前は、やったことがない仕事を割り当てられた時、特に緊張した。今は、困難な仕事を割り振られることは無いが、いつか割り振られるのではないかと不安。

会社に対する不満	好き嫌いで評価するところ
部長(51)[10]	技術なし。話が長い。意見が異なると怒りが爆発する。怒りだすと1時間以上会議室で説教されることが多い。反論は許されない。しかし、部長の話には一貫性が無い。[11]
課長(43)[12]	部長のイエスマン。[13]
主任(34)[14]	有能できさく。CLは、主任には[15]質問できる。

Thより、主任[16]をモデリングすることをアドバイス。また、高校時代のなんでも言えた自分を思い出し、そのころの自分だったら何というかを想像することをアドバイス。

× 2/18 第3回 50分

CLによれば、この1週間、少し気分が楽で、散歩もするようになってきたとのこと。[17]

CLの自動思考を探索。その結果、「どうせ自分なんか……」、「まだ不足だ」、「どうしよう」、「自分には無理」という言葉が浮かぶとのこと

Thより、自動思考が浮かんだら、その場で、呼吸を整え、筋肉の緊張を緩めることをアドバイス。

× 3/3 第4回 50分

CLによれば、自動思考に気付いて少し楽になった。また、「自分は傷つきやすい」、「なんでも言っていた若いころもそうだった」ということに気づいたとのこと。

セッションの中で、トップドッグ・アンダードッグを行うが、トップドッグの時は、批判的な言葉がたくさん出てくるが、アンダードッグになると萎縮し、言葉が出ない。

イメージワークを行う：暗闇に中に入っていっていくワーク。光を見る⇒みどりの光＋小鳥がさえずっている……ワークの後、すっきりした感じとCLはレポート。

HW[18]：呼吸に集中する瞑想5分。

7 文中で部長、課長と記載がある。個人名は出ていないが、会社規模によっては容易に特定可能であり、第三者の記載として十分注意が必要である。

8 ハラスメントと判断したのがカウンセラーと読み取れる。

9 略語が分かりにくい。

10, 12, 14, 15, 16 個人が特定でき得るので、言及の仕方に検討を要する。

11, 13 第三者に関する記載で、誰の意見か不明瞭。

17 主訴の症状（眠れない、吐き気など）の改善について不明。必要に応じて主治医と治療の進捗を確認することが望ましい。

18 略語がわかりにくい。

以上の内容を指摘した点の修正例は、次のようになる。

▼

例2／修正例

《カウンセリング内容》

×1/16 第1回 50分

復職して1週間。上司とは目もあわせられない、逃げるように会社から帰る、とクライアントより報告があった。

CLは、うつむき加減で、アイコンタクトがほとんどない。両手にかすかな震えが観察される。

アイコンタクトの練習（ThとCLが見つめ合う）を行う。

職場で望まれるお互いを尊重するコミュニケーションについて心理教育を提供し、「お前なんか必要ないんだよ」、「代わりは、いくらでもいる」等の上司の言動について検討した。CLと、上司には、話が長い、意見が異なると怒りが爆発する、話に一貫性が無い、などの特徴があることを確認した。リラクゼーションのための呼吸法（足の裏を意識し、やや深くゆっくりした呼吸をする）を伝える。このリラクゼーション法を練習することを宿題とする。

×1/23 ○○心療内科××主治医と連絡調整。治療の経過とカウンセリングの

見通しについて情報共有した。

× 2/3 第2回 50分
CLによれば：オフィスにいるだけで緊張する。休職前は、やったことがない仕事を割り当てられた時、特に緊張した。今は、困難な仕事を割り振られることは無いが、いつか割り振られるのではないかと不安。

会社に対する不満	好き嫌いで評価するところ
上司(50代)	「技術なし。話が長い。怒りだすと1時間以上会議室で説教されることが多い。反論は許されない。しかし、話には一貫性が無い。」
中間管理者(40代)	「(当該上司の)イエスマン。」
直属上司(30代)	「有能できさく。この人には質問できる。」

Thより、直属上司をモデリングすることをアドバイス。また、高校時代のなんでも言えた自分を思い出し、そのころの自分だったら何というかを想像することをアドバイス。

× 2/18 第3回 50分
CLによれば、この1週間、少し気分が楽で、散歩もするようになってきたとのこと。睡眠はとれるようになってきているが、不安の症状はあまり変わらないとのことだった。
CLの自動思考を探索。その結果、「どうせ自分なんか……」、「まだ不足だ」、「どうしよう」、「自分には無理」という言葉が浮かぶとのこと
Thより、自動思考が浮かんだら、その場で、呼吸を整え、筋肉の緊張を緩めることをアドバイス。

× 3/3 第4回 50分
CLによれば、自動思考に気付いて少し楽になった。また、「自分は傷つきやすい」、「なんでも言っていた若いころもそうだった」ということに気づいたとのこと。
セッションの中で、トップドッグ・アンダードッグを行うが、トップドッグの時は、批判的な言葉がたくさん出てくるが、アンダードッグになると萎縮し、言葉が出ない。

イメージワークを行う：暗闇に中に入っていっていくワーク。光を見る⇒みどりの光＋小鳥がさえずっている……ワークの後、すっきりした感じとCLはレポート。

宿題：呼吸に集中する瞑想5分。

例3／元の記録

×6/5 第12回 50分

CLによれば、おととい「出来が悪く、口先だけの部長[19]」から、CLを含む若手5人に仕事を丸投げされる。部長[20]からは、「このくらいの仕事ができない人間は、うちの社にはいらない」と言われCLは、プレッシャーを感じる。不明確な部分について質問すると、「そのくらい、自分で考えろ」と言われ、その場にいた課長[21]からは、「そういうことだから、考えが甘いんだよ」と言われた。

「できる主任[22]」に相談したところ、部長[23]は、以前からそうした指示を部下に出していたとのことだった。

CLがリーダーとなって、仕事を進めているが、「怒られたらどうしよう」という不安がある。⇒部長・課長[24]は、CLが、何をやっても小言は言うだろうとThより答える。[25]

CLは、計画的に仕事を進めており、リーダーシップがあるように見受けられる。

CLは、自分より上の立場の人に対し、ネガティブな表現、例えば、「出来が悪く、口先だけの部長[26]」などを口に出すようになった。これは、これまでになかったこと。[27]

×6/19 第13回 50分

CLによれば、プレゼンはうまくいった。[28] 来週、部長[29]のアドバイスを反映した見直しのプレゼン。なんとかなるだろうという気持ちがあったとのこと。

それと同時に、責められたらどうしようという不安が大きいとのこと。

CLの言葉には、「……ねばならない」が多く観察された。そのことをThより

指摘。CLによれば、最も強い「……ねばならない」は、「完璧にしなければならない」

×7/4 第14回 50分
　CLによれば；プレゼン資料の1回目の提出では、部長[30]から怒られることはなかったが、2回目にはぼろくそ[31]に言われ、3回目（金曜日、昨日）でやっと受け取ってもらえた。その際、「次からは、最初からこのくらいのものを出せよ。そのくらいできなきゃ、うちには必要ないからな」、「いつでも辞めてもいいんだぞ」と脅かしを受ける。
　2回目の提出以降、CLは落ち込んで、朝の吐き気が復活。
　セッション内で、吐き気についてワーク。吐き出したい気持ちをさぐる。CLの部長・課長[32]に対する激しい怒りが出てくる。エンプティーチェアに移行。CLは、泣きながら、自分の悔しい気持ちに気づく。[33]

19, 20, 21, 22, 23, 24 個人が特定でき得るので、言及の仕方に検討を要する。
25 より客観的かつ教育的表現がないか検討する。
26 個人が特定でき得るので、言及の仕方に検討を要する。
27 クライアントの変化について、所見が不明である。
28 症状の改善についての進捗が不明。
29, 30, 32 個人が特定でき得るので、言及の仕方に検討を要する。
31 誰の表現か不明。
33 セッション内でカタルシスがあったと思われる。本人の様子から、その後のフォローアッププランなど言及していることが望まれる。

以上の内容を反映した修正例は次のようになる。

▼

例3／修正例

×6/5 第12回 50分

CLによれば、おととい「出来が悪く、口先だけ」の上司から、CLを含む若手5人に仕事を丸投げされる。上司からは、「このくらいの仕事ができない人間は、うちの社にはいらない」と言われCLは、プレッシャーを感じる。不明確な部分について質問すると、「そのくらい、自分で考えろ」と言われ、その場にいた中間管理者からは、「そういうことだから、考えが甘いんだよ」と言われた。

「できる直属上司」に相談したところ、上司は、以前からそうした指示を部下に出していたとのことだった。

CLがリーダーとなって、仕事を進めているが、「怒られたらどうしよう」という不安がある。⇒上司らは、CLのパフォーマンスに関わらず批判的な反応をすることが予想されると現実検討し言語化した。

CLは、計画的に仕事を進めており、リーダーシップがあるように見受けられる。

CLは、自分より上の立場の人に対し、ネガティブな表現、例えば、「出来が悪く、口先だけの上司」などを口に出すようになった。これは、これまでになかったことで、ネガティブな感情への気づきが高まり、それを外在化するスキルが身についてセルフケアが強化されつつあると考えられる。

×6/19 第13回 50分

CLによれば、プレゼンはうまくいった。来週、上司のアドバイスを反映した見直しのプレゼン。なんとかなるだろうという気持ちがあったとのこと。不安症状が低減しているとのことであった。

それと同時に、責められたらどうしようという不安が大きいとのこと。

CLの言葉には、「……ねばならない」が多く観察された。そのことをThより指摘。CLによれば、最も強い「……ねばならない」は、「完璧にしなければならない」

×7/4 第14回 50分

CLによれば；プレゼン資料の1回目の提出では、上司から怒られることはなかったが、2回目には「ぼろくそ」に言われ、3回目（金曜日、昨日）でやっと受け取ってもらえた。その際、「次からは、最初からこのくらいのものを出せよ。そのくらいできなきゃ、うちには必要ないからな」、「いつでも辞めてもいいんだぞ」と脅かしを受ける。

2回目の提出以降、CLは落ち込んで、朝の吐き気が復活。
セッション内で、吐き気についてワーク。吐き出したい気持ちをさぐる。CLの上司らに対する激しい怒りが出てくる。エンプティーチェアに移行。CLは、泣きながら、自分の悔しい気持ちに気づく。セッション終了時には表情は安定していた。朝の吐き気が復活したことについて、CLから主治医に連絡したか尋ねたところまだとのことだったので、来週の次回受診で伝えるよう促した。また本日のセッションについてThから主治医に連絡する旨提案したところ、CL了承した。Thより今週中に連絡することとした。

参考文献

American Psychiatric Association (2000). Diagnostic and statistical manual of mental disorders (4th ed. Text revision.). Washington DC: Author.

Association for Advanced Training in the Behavioral Sciences (2006). Social work examination preparation material. Ventura, CA: Author.

Barker, R. L. (2003). The social work dictionary (5th ed.). Washington DC: NASW Press.

California Association of Marriage and Family Therapists. (2011). CAMFT code of ethics. San Diego, CA: Author.

Carlat, D. J. (2005). The psychiatric interview: a practical guide (2nd ed.). Philadelphia, PA: Lippincott Williams & Wilkins.（=張賢徳監訳・張賢徳・池田健・近藤伸介訳（2006）　精神科面接マニュアル　第2版　メディカル・サイエンス・インターナショナル）

Cosgrove v. Lawrence, 215 N.J. Super. 561, 522 A.2d 483 (1987).

Ewing, C. P. (2005, July). Judicial Notebook: Tarasoff reconsidered. Monitor on Psychology, 36, p.112.

Ewing v. Goldstein, Cal. App. 4th No. B163112. Second Dist., Div. Eight, July 16, 2004.

Herbert, P. B., Young, K. A. (2002). Tarasoff at Twenty-Five. Journal of the American Academy of Psychiatry and the Law 30, 275-281.

皆川治廣（2011）自治体保有個人情報の非開示事由該当性判断の適否に関する法的問題点考察　CHUKYO LAWYER vol.14 pp.1-41.

Nassar v. Parker, 455 S.E.2d 502 (Va. 1995).

National Association of Social Workers. (2008). NASW code of ethics. Washington DC: Author.

日本医療社会福祉協会（2007）　医療ソーシャルワーカー倫理綱領　日本医療社会福祉協会

日本医療社会福祉協会（2002）　医療ソーシャルワーカー業務指針　日本医療社会福祉協会

日本介護支援専門員協会（2007）　介護支援専門員倫理綱領　日本介護支援専門員協会

日本産業カウンセラー協会（2006）　倫理綱領　日本産業カウンセラー協会

日本社会福祉士会（2006）　社会福祉士の倫理綱領　日本社会福祉士会

日本精神保健福祉士協会（2004）　倫理綱領　日本精神保健福祉士協会

日本臨床心理士会（2009）　倫理綱領　日本臨床心理士会

Oher J. M., Jongsma A. E., & Conti D.J. (2006). The complete adult psychotherapy treatment planner. Hoboken, NJ: John Wiley & Sons, Inc.

Peck v. Counseling Service of Addison County, 499 A.2d 422 (Vt. 1985).

Raiff, N. R. & Shore, B. K. (1993). Advanced case management: new strategies for the nineties. Newbury Park, CA: Sage Publications.

Reamer, F. G. (2005). Documentation in social work: evolving ethical and risk-management standards. Social Work 50 (4): 325-334.

Tarasoff v. Regents of the University of California, 17 Cal. 3d 425, 551 P.2d 334, 131 Cal. Rptr. 14 (Cal. 1976).

八木亜紀子（2007）EAP実践の基礎――CEAP（国際EAP協会認定EAプロフェッショナル）養成講座――株式会社イーブ

山根茂雄（2011）〈精神保健福祉士受験版〉精神医学講義ノート　星和書店

おわりに

　想定していたよりもはるかに時間がかかって、ようやくこのページを書く日がやってきた。情報というものは文字にした瞬間に時代遅れとなってしまうもので、ここに書かれた内容や状況もこれだけ準備期間を経ている間にさらに変化していることは否めない。援助職が書く記録に対する透明性を求める社会の動きは、ますます進んでいるようである。

　たとえば情報開示請求の判例も、文中で紹介したもの以降で全面開示の判決が下された事案などが出ている。平成19年の生活保護ケースワーク記録非開示処分取消判決では、記録作成者であるケースワーカーが、情報を開示することになれば利用者からの誤解や不信、反発を恐れて率直な印象ないし評価を記録しなくなり、結果記録が形骸化する、ということを理由に非開示を主張したが、東京地裁は全面開示が妥当とした。ワーカーが作成する記載内容は「客観的具体的事実」とそれを前提とした「専門的な知見に基づく印象や評価が記載されるもの」で、それに基づかない「主観的・感覚的な印象や評価」は「適正な」業務の遂行のために必要ではなく、それを記載しなくても記録は形骸化しないと判断したのだ。

　とはいえ、法律場面での縛りが強くなることを嘆くのは、本末転倒であろう。このような判例が積み上げられることで、結果として日本版のStandard of Careが体系化され、援助職の専門性が社会的に認知されるチャンスになると取っては調子がよすぎるだろうか。

　平成24年現在、税と社会保障の一体改革、医療保護法の検討など、援助職を取り巻く社会制度と法律はさらに大きく動こうとしている。この流れのなかで援助職がしっかりと根づくことは、ひいては利用者・クライアントに適正なケアを提供する機会を生み出すことになると信じている。

　援助職に従事する皆さんは日々、決して恵まれない待遇の下、自らの情熱だけを糧に仕事に励んでおられる。その負担を技術的に少しでも軽くすること、また大局的な視点を持って自分の仕事に希望と誇りを持つことのきっかけに拙著をしていただければ、本懐である。

著者

著者プロフィール

八木亜紀子（やぎ・あきこ）

福島県立医科大学　放射線医学県民健康管理センター　特任准教授
アアリイ株式会社　代表取締役

取得資格：
米国カリフォルニア州臨床ソーシャルワーカー
精神保健福祉士
公認心理師
国際 EAP（Employee Assistance Program）協会認定 EA プロフェッショナル

学位：
ソーシャルワーク修士（米国ウィスコンシン大学大学院マジソン校、University of Wisconsin-Madison）
博士（医療福祉ジャーナリズム）（国際医療福祉大学）

米国サンフランシスコで日英両語で個人、家族、グループ療法を提供し、日系コミュニティへのアウトリーチに従事した。またリーダーシップ養成トレーニング、コーチングを日英両語で行った。
帰国後、従業員支援に携わるとともに、EAP 専門家養成講座を企画運営し、スーパービジョンを提供。大学法人で教職員のワーク・ライフ・バランス支援、女性研究者支援に従事した。また社会福祉法人などで障害者の就労支援に携わった。
現在は、福島県における被災者支援、相談援助職に向けた記録の研修、組織へのメンタルヘルスやハラスメントに関する研修やコンサルティング等に携わっている。

主な著書等：
- 『テキストマイニングによるソーシャルワーク記録の考察──医療ソーシャルワーカーを対象にして』中央法規出版、2024 年
- Alcohol-related issues among affected people. In Kamiya K, Ohto H, Maeda M (Eds.), Health Effects of the Fukushima Nuclear Disaster. Tokyo, Japan: Elsevier. 2023
- 第 10 章「ソーシャルワークの記録」、空閑浩人・白澤政和・和気純子編著『新・MINERVA 社会福祉士養成テキストブック ソーシャルワークの理論と方法Ⅰ』ミネルヴァ書房、2022 年
- 八木亜紀子編、ボーン・クロイド、又村あおい著『9 つの事例でわかる 精神障害・発達障害のある人が活躍する職場のつくりかた』中央法規出版、2021 年
- 『相談援助職の「伝わる記録」── 現場で使える実践事例 74』中央法規出版、2019 年
- 『事例で理解する相談援助のキーワード ── 現場実践への手引き』（編著）中央法規出版、2019 年
- Report on Counseling Support Professional Team. In Shigemura J, Chhem RK, Yabe H (Eds.), Mental Health and Social Issues Following a Nuclear Accident: the Case of Fukushima. Tokyo, Japan: Springer. 2016

相談援助職の記録の書き方
──短時間で適切な内容を表現するテクニック

2012年 9 月10日 初 版 発 行
2024年11月10日 初版第15刷発行

著　者　　八木亜紀子
発行者　　荘村明彦
発行所　　中央法規出版株式会社
　　　　　〒110-0016　東京都台東区台東 3-29-1 中央法規ビル
　　　　　TEL 03-6387-3196
　　　　　https://www.chuohoki.co.jp/
装幀　　　AD 渡邊民人　D 小林麻実（TYPEFACE）
印刷・製本　新津印刷株式会社

ISBN978-4-8058-3721-4
本書のコピー、スキャン、デジタル化等の無断複製は、著作権法上での例外を除き禁じられています。また、本書を代行業者等の第三者に依頼してコピー、スキャン、デジタル化することは、たとえ個人や家庭内での利用であっても著作権法違反です。
定価はカバーに表示してあります。落丁本・乱丁本はお取り替え致します。

本書の内容に関するご質問については、下記URLから「お問い合わせフォーム」にご入力いただきますようお願いいたします。
https://www.chuohoki.co.jp/contact/

事例で理解する相談援助のキーワード

現場実践への手引き

八木亜紀子 編著　菅野直樹・熊田貴史・松田聡一郎 著

- A5判・218頁　　●定価 本体 2,200円（税別）
- 2019年1月発行　ISBN978-4-8058-5828-8

相談援助職が必ず押さえておくべきもの、本来の意味を理解してほしいもの、日々の支援に活かしてほしいものという3つの視点から、33の「キーワード」を選定し、それぞれ事例を交えて改めて言葉の意味を考える。読み進めるごとに自らの実践を振り返ることができる一冊。

33のキーワード

- アウトリーチ／コミュニティワーク
- アセスメント
- アドボカシー
- インテーク
- インフォーマル・ネットワーク
- 外在化
- 家族支援
- 緩和ケア
- 共感
- ケアマネジメント
- 傾聴
- コーディネート／ファシリテート
- 自己決定
- システム理論
- 終結
- 守秘義務
- 受容
- 情報提供
- 情報の共有化
- ストレングス／エンパワメント
- 生活モデル
- ソーシャルアクション
- ソーシャルインクルージョン
- チーム・アプローチ
- 直面化
- ナラティブ・アプローチ
- ニーズ
- バウンダリー
- 波長合わせ
- 非言語コミュニケーション
- 非審判的態度
- 利用者本位
- 倫理